HA-MEEM PUBLICATIONS
🌐 www.hameemstore.com
📷 @hameemstore
✉ orders@hameemstore.com
💬 +1 (416) 879-2545

All rights reserved by HA-MEEM PUBLICATIONS, aside from fair use, meaning a few pages or less for non-profit educational purposes, review, or scholarly citation. No part of this publication maybe reproduced, stored in a retrieval system or transmitted in any form or means, electronic, online, mechanical, photocopying, recording or otherwise, without the prior permission of the copyright owner.

بسم الله الرحمن الرحيم

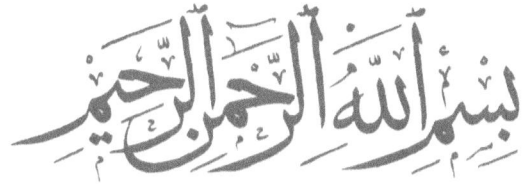

عقیدۀ طحاوی

In the Name of Allah, the Merciful, the Compassionate.

Imam Abu Ja'far al-Tahawi's creedal text, a representative of the viewpoint of "Ahl al-Sunna Wal-Jama'a" has long been the most widely acclaimed and indeed indispensable reference work on Muslim beliefs, of which the text below is an English translation.

Imam al-Subki رحمه الله (d. 771AH /1370 CE), the great Shafi'i scholar writes that the followers of the four schools of Law, the Hanafis, the Shafi'is, the Malikis and the Hanbalis are all one in creed:

"All of them follow the opinion of "Ahl al-Sunna Wal-Jama'a", the People of the Prophetic Way and the Majority of the Scholars. They worship Allah in accordance with the creed of Abu al-Hasan al-Ash'ari رحمه الله (and Abu Mansur al-Maturidi رحمه الله). None of them deviates from it, save the riffraff among the Hanafis and the Shafi'is who adopted the rationalist creed (اعتزال) and those among the Hanbalis who adopted anthropomorphism (تجسيم). However, Allah protected the Malikis from such things, for we have never seen a Maliki except that he was Ash'ari in creed.

In summation, the creed of al-Ash'ari, (and Abu Mansor al-Maturidhi) is what is contained in The Creed of Imam Abu Ja'far al-Tahawi, which the scholars of the various legal schools have endorsed and are content with as a creed... So, say to those fanatics among the sects, "Take heed, leave your fanaticism, abandon your heresies, and defend the religion of Islam".[1]

Not to mention that the Creed of Imam Tahawi is one of the primary creedal texts of the "Maturidi" school of thought, as Imam Tahawi narrates it from the main source of the "Maturidi Theological Methodology", the great Imam Abu Hanifa.

Imam Abu Ja'far Ahmad ibn Muhammad al-Azdi al-Tahawi, was born in 239AH (853CE) and passed away in 321AH (933CE). He is known as Tahawi after his birthplace in Egypt. Imam Tahawi is among the most outstanding authorities of the Islamic world on Hadith and Jurisprudence *(Fiqh)*. He lived at a time when both the direct and indirect disciples of the Four Imams of Islamic Law were teaching and practicing. This period was the greatest age of Hadith and Fiqh studies, and Imam Tahawi studied with most of the living authorities of the time.

Imam Al-Ayni states that; when Imam Ahmad passed away, Tahawi was 12; when Imam Bukhari passed away, he was 27; when Imam Muslim passed away, he was 32; when Imam Ibn

---

[1] The Creed of Imam al-Tahawi by Hamza Yusuf; Page 34

Majah passed away, he was 44; when Imam Abu Dawud passed away, he was 46; when Imam Tirmidhi passed away, he was 50; and when Imam Nisaa'i passed away, he was 74.

Imam Kawthari رحمه الله after relating this, adds the consensus of the scholars that Imam Tahawi combined in himself the completion in the two sciences of Hadith and Fiqh, a consensus that included among others, Imam al-Ayni and al-Dhahabi.

Imam Tahawi رحمه الله began his studies with his maternal uncle Isma'il ibn Yahya al-Muzani, a leading disciple of Imam Shafi'i رحمه الله. However, Tahawi felt instinctively drawn to the corpus of Imam Abu Hanifa's works. Indeed, he had seen his uncle and teacher turning to the works of Hanafi scholars to resolve thorny issues of fiqh, drawing heavily on the writings of Imam Abu Hanifa's two leading companions, Imam Muhammad Ibn al-Hasan al-Shaybani رحمه الله and the first chief justice in the Islamic world, Imam Abu Yusuf رحمه الله who both had codified Hanafi Fiqh. This led him to devote his whole attention to studying the Hanafi works and he eventually joined the Hanafi School.

He now stands out not only as a prominent follower of the Hanafi school of Islamic Law but, in view of his vast erudition and remarkable powers of assimilation, as one of its leading scholars. His monumental scholarly works, such as "**Sharh ma'ani al-Aathar**" and "**Mushkil al-Aathar**", are encyclopedic in scope and have long been regarded as indispensable for training students of fiqh. He was in fact a "Mujtahid" across the board and was thoroughly familiar with the fiqh of all four schools of Law, as stated by Allama Ibn Abd al-Barr رحمه الله and related by Imam Kawthari رحمه الله, and as shown by Imam Tahawi's own work on comparative law entitled "**Ikhtilaf al-Fuqahaa**".

Some of the works of Imam Tahawi can be listed as below.

- كتاب فى النحل و احكامها و اجناسها و صفاتها و ما رُوِى فيها من خبر. (عقائد)
- شرح معانى الآثار. (حديث)
- مشكل الآثار. (حديث)
- التسوية بين حدثنا و اخبرنا. (حديث)
- لمشكاة . (حديث)
- صحيح الآثار. (حديث)
- نقض كتاب للدلسين للكرابيسى. (حديث)
- الرد على ابى عبيدة فى كتاب النسب. (حديث)
- كتاب تفسير متشابه الاخبار. (حديث)
- لمختصر الكبير فى الفقه. (فقه)
- لمختصر الصغير. (فقه)
- اختلاف الفقهاء. (فقه)
- اختلاف العلماء. (فقه)
- شرح جامع الصغير لمحمد بن الحسن الشيبانى رحمه الله. (فقه)

- الوصایا. (فقه)
- الفرائض. (فقه)
- النوادر الفقهیّة. (فقه)
- حکم اراضی مکة. (فقه)
- قسمة الفیء و الغنائم. (فقه)
- اختلاف الروایات علی مذهب الکوفیین. (فقه)
- شرح الجامع الکبیر لمحمد بن الحسن الشیبانی رحمه الله. (فقه)
- کتاب الاشربة. (فقه)
- الجزء فی الرزیة. (فقه)
- الشروط الصغیر. (فقه)
- الشروط الاوسط. (فقه)
- الشروط الکبیر. (فقه)
- کتاب الخطابات. (فقه)
- احکام القرآن. (تفسیر)
- تفسیر القرآن. (تفسیر)
- نوادر القرآن. (تفسیر)
- التاریخ الکبیر. (تاریخ)
- عقود المرجان فی مناقب ابی حنیفة النعمان. (زندگینامه امام اعظم ابو حنیفه رحمه الله)
- النوادر و الحکایات. (تاریخ)
- إعْتِقَادُ أَهْلِ السُّنَّةِ وَ الْجَمَاعَةِ عَلَى مَذْهَبِ فُقَهَاءِ الْمِلَّةِ أَبِي حَنِيفَةَ النُّعْمَانِ بْنِ ثَابِتٍ الْكُوفِيِّ وَ أَبِي يُوسُفَ يَعْقُوبَ بْنِ إِبْرَاهِيمَ الْأَنْصَارِيِّ وَ أَبِي عَبْدِ اللهِ مُحَمَّدِ بْنِ الْحَسَنِ الشَّيْبَانِيِّ رِضْوَانُ اللهِ عَلَيْهِم أَجْمَعِيْنَ المعروف بـ «اَلْعَقِيدَةُ الطَّحَاوِيَّة». (عقائد)

"Tahawi's Creed" {al-Aqida}, though small in size, is a basic text for all times, listing what a Muslim must know, believe and comprehend. There is consensus among the Companions, the Successors and all the leading Islamic authorities such as the Four Imams and their authoritative followers on the doctrines enumerated in this work, which are entirely derived from the undisputed primary sources of Religion, the Holy Qur'an and the verified Hadiths, and the Ijmaa' the consensus of the Ummah.

Being a text on Islamic doctrine, this work sums up the arguments set forth in those three sources to define sound belief of "Ahl al-Sunna Wal-Jama'a" and likewise, the arguments advanced in refuting the views of sects that have deviated from "Ahl al-Sunna Wal-Jama'a" the "Mainstream Islam".

As regards the sects mentioned in this work, familiarity with islamic history up to the time of Imam Tahawi would be quite helpful. More or less veiled references to sects such as the Mu'tazila, the Jahmiyya, the Karramiyya, the Qadariyya, and the Jabariyya are found in the work. It also contains allusions to other views considered unorthodox and deviant from the way of "Ahl al-Sunna Wal-Jama'a".

While the permanent relevance of the statements of belief in this "Creedal text" are obvious, the historical weight and point of certain of these statements can be properly appreciated only if the work is used as a text for study under the guidance of some learned scholar able to elucidate its arguments fully, with reference to the intellectual and historical background of the sects refuted in the work.

The present book is intended as one such aid towards understanding the details of Islamic Belief with clarity. It is hoped that this translation of Imam Tahawi's "Creed", the doctrine of "Ahl al-Sunna Wal-Jama'a" will be of benefit to the readers.

May Allah grant us a true understanding of faith and count us among those described by the Prophet ﷺ as the Saved Group. Aamin.

Lastly it must be mentioned that this translation is heavily indebted to the works of Shaikh Hamza Yusuf and Iqbal Ahmad Azami. May Allah grant them peace and harmony in this world and Jannah in the Hereafter.

Mohammad Ibrahim Teymori
October 2012, London, UK

أَلْعَقِيْدَةُ الطَّحَاوِيَّة

The Creed of Imam Tahawi

Narrated By

Imam Abu Ja'far al-Tahawi al-Hanafi رَحِمَهُ ٱللَّهُ

{Born 239 AH (853 CE) - Died 321 AH (933 CE)}

Translated by

Mohammad Ibrahim Teymori

اَلْعَقِيدَةُ الطَّحَاوِيَّةُ

هٰذَا

مَا رَوَاهُ الْإِمَامُ أَبُو جَعْفَرٍ الطَّحَاوِيُّ رَحِمَهُ اللهُ

فِي ذِكْرِ بَيَانِ

اِعْتِقَادِ أَهْلِ السُّنَّةِ وَالْجَمَاعَةِ
عَلَى مَذْهَبِ فُقَهَاءِ الْمِلَّةِ أَبِي حَنِيفَةَ النُّعْمَانِ بْنِ ثَابِتٍ الْكُوفِيِّ
وَأَبِي يُوسُفَ يَعْقُوبَ بْنِ إِبْرَاهِيمَ الْأَنْصَارِيِّ
وَأَبِي عَبْدِ اللهِ مُحَمَّدِ بْنِ الْحَسَنِ الشَّيْبَانِيِّ
رِضْوَانُ اللهِ عَلَيْهِمْ أَجْمَعِينَ

In the Name of Allah, the Merciful, the Compassionate.

This is a presentation narrated by Imam Abu Ja'far al-Tahawi (may Allah's mercies be upon him) on the exposition of the beliefs of "Ahl al-Sunnah wal-Jama'ah" [1] in accordance to the methodology of the Jurists of this religion, Abu Hanifa, Nu'man ibn Thabit al-Kufi, Abu Yusuf, Ya'qub ibn Ibrahim al-Ansari and Abu Abdullah Muhammad ibn al-Hasan al-Shaybani, may Allah be pleased with them all. It includes their beliefs regarding the foundations of the religion [2] upon which they base their worship of the Lord of the worlds.

---

[1] "Ahl al-Sunnah wal-Jama'ah": literally means the people of the prophetic path and the majority of the scholars. This title refers to the Sunni Muslims consisting of the overwhelming majority of Muslims in the world today as well as in the past fourteen centuries. This title was adopted in the first and second century of Islam as a response to distinguish between "Sewaad al-Azam", the main body of the Muslim Ummah and the likes of Khawaarij, Shi'ah, Mo'tazelah, etc., some new sects that appeared among Muslim Ummat after the demise of the prophet.

[2] That branch of Islamic sciences that deals with Islamic theology is called the science of Usul-al-Deen, science of Tawheed and Sefaat, science of Aqaa'id, science of al-fiqh al-Akbar, and science of Kalaam.

Imam Abu Hanifa stated and the other two aforementioned Imams, May Allah shower them all with his mercies, assert too in accordance to his statement that;
We say believing in Allah's oneness, by Allah's help that:

1. Allah is one, without any partners.

2. Nothing is like Him.

3. Nothing can debilitate Him.

4. There is no god other than Him.

5. He is the Pre-existent without a beginning.

6. He is Eternal without end.

7. Neither perishes, nor ceases to exist.

8. Nothing will be, except what He wills.

9. Imaginations cannot attain Him, and comprehensions cannot perceive Him.

10. And creations do not bear any similarity to Him.

11. Alive never dies; all- sustaining, never sleeps.

12. He is a creator without any need to create, and He is a provider for His creations without any effort.

13. He seizes life without fear and resurrects without difficulty.

14. Just as He was possessed of His attributes prior to His creation (the existence), so He remains with the same attributes, without any increase in His attributes as a result of His creations coming into being.

15. As He was before the creation, qualified with His attributes, so He remains forever described by them.

16. It is not after bringing the creation into existence that He merits the name "the Creator", nor through originating His creations, He gained the name "the Originator".

17. He possesses the quality of sovereignty with or without fief, and the quality of creativity with or without creation.

18. And while He is "the Resurrector of the Dead", after He resurrects them, He merits the same name before He even resurrect them. Likewise, He merits the name "the Creator" before He even creates them.

19. This is because He is Omnipotent over everything. Everything is dependent upon Him, and every affair is effortless for Him, and

He needs nothing, and "there is nothing like Him, and He is the Hearer, the Seer." (al-Shura 42:11)

20. He created the creation with His knowledge.

21. He appointed measures for what He created.

22. He determined the span of their life.

23. Nothing of their actions was concealed from Him before He created them, and He knew what they would do before He created them.

24. He ordered them to obey Him and forbade them from disobeying Him.

25. All things happen in accordance with His determination and His will, and His will is fulfilled.

26. His servants are without volition except what He wills for them. Thus what He wills for them will be, and what He does not will for them, will not be. [3]

---

[3] Therefore people are not forced to Islam. Those whom Allah knew in pre-existence that after coming to the world they will chose Islam, Allah willed that for them. Likewise those whom Allah knew in pre-existence that after coming to the world, they will chose Kufr upon Islam and will insist on it, Allah willed Kufr for them. Thus people are not forced to Islam or kufr.

27. He guides, protects, and keeps safe from harm, whomever he wills, by His grace; and He allows those He wills to go astray, and abases them, and afflicts them, by His justice.

28. All of them vacillate in His providence between His grace and His justice.

29. He transcends having opposites or equals.

30. None can ward off His decree or overrule His judgment or override His command.

31. We believe in all of this and are certain that all of it is from Him.

32. And we believe that Muhammad ﷺ is His chosen Servant and preeminent Prophet and His Messenger with whom He is well pleased.

33. And we believe that he is the Final of the Prophets. [4]

34. And he is the paragon of all the god-fearing and the most

---

[4] In regards to the finality of the prophet-hood, Qur'an declares that: "Muhammad ﷺ is not a father of any of your men, but he is a messenger of Allah and the last of the prophets". 33:4

This is one of the reasons why the Qadianis and Bahaa'ies are disbelievers, as they believe Mirza Qadiani and Bahaa to be prophets.

honored of all the messengers, and the "**Beloved**" of the Lord of all worlds.

35. Any claim to prophet-hood after him is falsehood and deviation.

36. He is the one who has been sent to all the jinn [5] and the whole of humanity with truth and guidance.

37. The Qur'an is the word of Allah. It emanated from Him without modality in expression. He sent it down to His Messenger as revelation.

38. The believers accept it from the Prophet, as absolute truth. They are certain that it is, in reality, the word of Allah the Exalted. The word of Allah is not created, as is the speech of human beings.[6]

39. Thus, anyone who hears it and alleges that it is human speech

---

[5] Jinn or genie in English is a species of intelligent beings that are created out of smokeless fire and are undetectable by human eye.

[6] One of the greatest of Salaf-Saaliheen and the first Muslim scholar who wrote on the Islamic theology, Imam Abu Hanifa ﵁ states in his most famous book ***al-Fiqh al-Akbar***,

"He ﷻ speaks unlike the way we speak… we speak (and communicate) by means of organs and letters, while Allah Most High speaks without organs or letters. Letters are created and the speech of Allah most High is uncreated".

Page 90 translated by M. Abdur-Rahman Ibn Yusuf.

has disbelieved.

40. For Allah has condemned, censures, and promised him with an agonizing punishment, stating, exalted is He: "I will cast him into the Hell-Fire". (al-Muddaththir 74:26)

41. Because Allah threatened those who allege "This is just human speech" (74:25) with torment in the Hell-fire, we acknowledged and ascertained that it is the speech of the Creator of mankind, and that it does not resemble the speech of mankind.

42. Whoever describes Allah even with a single human quality, has blasphemed. [7]

43. So whoever understands this, will take heed and refrain from such statements as those of disbelievers, and knows that Allah the Exalted, in His attributes is utterly unlike human beings.

---

[7] "**Human qualities**" for example to beget or to be begotten or to have a body or to be consisted of matter, to have colour, width, length, or to sleep, forget, to have a stomach, back, body parts like hands, legs, chest, or to sit on something, or to occupy space or to be in a direction or to have a trajectory, or to be subject to time and space (or place).

These are qualities of humans. If someone describes Allah the Exalted with a single one of these qualities, he has blasphemed, because Allah the Exalted describes Himself لَيْسَ كَمِثْلِهِۦ شَىْءٌ "There is nothing whatever like him". Qur'an: 42:11

44. The Beatific Vision of Allah by the inhabitants of the Paradise, without their vision being encompassing and without a modality of this vision, is true, as the Book of our Lord has stated: "Faces on that Day are radiant, gazing at their Lord." (al-Qiyama 75:22-23) [8]

45. The explanation of this (verse) is as Allah knows it to be, and as he intended.

46. All that have been narrated about this (issue) from the Messenger of Allah ﷺ and his Companions, May Allah be pleased with them all, in authentic Hadiths, is just as he ﷺ said, and they mean as Allah intended.

47. We do not delve into (such verses / hadithes) trying to interpret

---

[8] The Great Imam Abu Hanifa states in his book ***al-Fiqh al-Akbar***:

"Allah Most High will be seen in the hereafter. The believers will see Him while in Paradise with their eyes without any comparison or modality. There will not be any distance between Him and His creation".

Page 67 English translation by M. Abdur-Rahman Ibn Yusuf.

The Great Imam Abu Hanifa states in his other book ***al-Fiqh al-Absat***:

"The beatific vision of Allah for the people of the Paradise without any modality or comparison or any direction is true". Page 5

This can be understood easier with an example. We know Allah through knowledge without any distance or direction or facing Him, so as we do know Him in this world without any modality or direction, tomorrow we will see Him in Paradise without any modality or direction.

them in accord to our own opinions, nor do we let our imaginations fold them into their presumptions.

48. No one is safe in his religion unless he resigns himself completely to Allah, the Exalted and Glorified, and to His Messenger ﷺ May Allah bless him and grant him peace, and consigns the knowledge of what which is ambiguous to him, to the one who knows its meaning.[9]

49. A man's footing in Islam is not firm unless it is based on submission and surrender.

50. Thus anyone who craves the knowledge of that which is barred from him, and who is discontented with the limits of his understanding, will be veiled from a pure unity, clear comprehension, and correct faith, by his own covetousness, he will then sway between belief and disbelief, affirmation and denial, acceptance and rejection, doubtful and aimless, confused and deviant, being neither a submitting believer nor a resolute denier.

51. Belief of Beatific Vision of Allah by the People of Paradise is incorrect if he presumes it to be imaginary or interprets it to be a type of comprehension.

---

[9] "The one who knows its meaning" is Allah ﷻ as Imam Tahaawi رحمه الله himself explicitly clarifies: "112. In the matters that their knowledge is ambiguous to us, we assert that: "Allah knows best."

52. Since the interpretation of this vision or indeed, the meaning of all subtle phenomena which are annexed to the realm of Lordship, is leaving its interpretations and strictly adhering to the submission. Upon this is based the religion of the Messengers, and the Sacred Laws of the prophets.

53. Whomsoever does not avoid negating or does not avoid likening (the attributes of Allah to humans), has deviated, and has failed to acquire understanding of divine transcendence.

54. For indeed, undoubtedly, our Lord the Glorified and the Exalted, is only described with attributes of pure oneness and absolute uniqueness. No creation is in any way like Him.

55. He is transcendent beyond having limits, ends, organs, limbs or parts. [10]

56. The six directions [11] do not contain Him as they do created

---

[10] الحُدُود means limits of something. الغَايَاتِ means ends of something. الأَرْكَانِ means organs of a body without which one cannot survive, like head or chest. الاعضاء means limbs of a body like hand or leg. الأَدَوَاتِ means the smaller parts of a body, like tongue, lips, or tooth. It also means tools.

The above mentioned are made of or characteristic of a body and Allah the Exalted is transcendent of having a body.

[11] "**The six directions**" are: above, below, right, left, front and back.

Imam Ali Al-Qaari رحمه الله in his ***Sharh al-fiqh al-Akbar*** page 35 states: "Allah the Exalted is not in any place or space, nor is He subject→

things.[12]

57. The "Mi'raj" (the ascension through the heavens and beyond) is true.

---

to time or period, because both time and space are amongst His creations. He the Exalted was present in pre-existence and there was nothing of the creation with Him".

"And He is not occupied in any space, neither above nor beneath, or any other location. And He is not contained in time, as the anthropomorphist, crypto-anthropomorphist and pantheists believe".

Sharh al-Fiqh al-Akbar page 35 – 36

[12] "Created things": this means that everything created has a direction and is occupied in a direction, but Allah the Most High as He says "There is nothing like Him", He the Exalted is without any direction or trajectory. The above statement of Imam Tahawi رحمه الله clarifies that Allah the Most High is not occupied in one or multiple directions. Imam Tahaawi رحمه الله by narrating this statement of the "Jurists of Islam" refutes the anthropomorphist's dogmas that imagine Allah to be occupied in one or multiple directions.

It should be mentioned that direction or trajectory is the characteristic quality of created things, therefore believing that Allah has a direction or trajectory means comparing and similarizing Allah the Most High to His creations. And here Imam Tahaawi's رحمه الله statement should be remembered that:

"42. Whoever describes Allah even with a single human quality, has blasphemed".

May Allah the Exalted protect us from such heretic dogma.

58. The Prophet ﷺ was taken by night and ascended in person, while awake, to the heavens, and from there to wherever Allah willed, in celestial heights. Allah honored him with what he willed and revealed to him that which He revealed, "And his mind did not imagine what he saw" (al-Najm 53:11). May Allah bless him and grant him peace in this world and the next.

59. The "Hawd", the basin which Allah has honored His prophet with, as a solace for his Followers, is true.

60. The "Shafa'ah", the prophet's intercession which Allah has allocated for them, is true, as related in the traditions.

61. The pledge that Allah took from Adam عليه السلام and his progeny is true.

62. Allah has always known the exact number of those who would enter the Paradise, and the exact number of those who would enter the Hellfire. Nothing is added to this number, none will be decreased.

63. Likewise His knowledge includes all their actions, which He knew they would do.

64. Every person is facilitated to do that for which he was created.[13]

---

[13] Its means will be provided for him, and then he uses his ability and his free will to do that.

65. The judgment of one's actions will be dictated by one's final deed.[14]

66. Those that are saved are ultimately saved by Allah's decision, just as those who are damned, are ultimately damned by Allah's decision.

67. The essence of the divine decree is Allah's secret in His creation. No distinguished angel and no prophetic Messenger have been given knowledge of it.

68. Delving and pondering into divine decree is a means to loss, and descent into deprivation and a path to rebellion.

69. So beware and take every precaution, not to ponder, ideate and doubt in this matter, because Allah the Exalted has concealed the knowledge of divine decree from His creations, and has forbidden them to desire it, as He the Exalted states in His Book, "He is not questioned about what He does, it is they who will be questioned". (al-Anbiya' 21: 23)
Therefore, whoever asks: "Why has He done that?" has rejected the judgment of the Book, and anyone who rejects the judgment of the Book is among unbelievers!

70. The above is a summary of what one with an illuminated heart

---

[14] If his demise is with Imaan, all his good actions will be fruitful, and if he dies disbelieving, all his deeds will be futile.

among those protected of Allah needs. And this is the rank of those deeply rooted in knowledge.

71. For there are two types of knowledge: knowledge which is accessible to the creation, and knowledge which is not accessible to the creation. Denying the accessible knowledge is disbelief, and claiming the inaccessible knowledge is disbelief. Belief is not correct unless accessible knowledge is embraced and pursuing inaccessible is abandoned. [15]

72. We believe in the "**Lawh & Qalam**" the Tablet and the Pen and in all that is inscribed on the Tablet. [16]

---

[15] "**Knowledge that is accessible to humans**", i.e., knowledge of the existence of the Paradise and Hellfire and knowledge of Sacred Law that comes through divine revelation to the prophets.

And the "**inaccessible knowledge**", i.e., knowledge of the unseen or knowledge of the divine decree or the arrival of the Last Hour etc., which are attributed only to Allah the Exalted. Denying the first category and claiming the second, is tantamount to disbelief.

[16] The Great Imam Abu Hanifa in his treatise ***al-Waseeyah*** states:

"We believe that Allah the exalted commanded the Pen to write. The Pen asked: what should I write, O my Lord? Allah the Exalted said: Write what is to be in existence up to the Day of Judgment. (Because) Allah the Exalted Himself has declared:

وَكُلُّ شَيْءٍ فَعَلُوهُ فِي الزُّبُرِ وَكُلُّ صَغِيرٍ وَكَبِيرٍ مُسْتَطَرٌ

All that they do is recorded in the books (of deed) and everything small or big is written down". 54:52-53

73. If even all creations were to unite together to remove from existence what Allah has written to exist on the Tablet, they would not be able to do so. And if all creations were to unite together to bring something into existence which Allah had not written on it to exist, they would not be able to do so.

74. The Pen's work is done writing down all that was, is and will be until the Day of Judgment. [17]

---

[17] The Great Imam Abu Hanifa ﵀ in his book ***al-Fiqh al-Akbar*** states:

"His writing it (is) in the Preserved Tablet, yet His writing entails descriptions, not commands." Page 105

Imam Bayadhi ﵀ explains this: "It means that He wrote down that whatever a person does, he does it with his own choice".

Ishaarat al-Muraam, Page 56

Imam Ali Al-qari ﵀ further explains:

"It means that Allah the Exalted wrote about everything that they "will" happen such and such, and He did not write that they "should" happen such and such." *Sharh al-Fiqh al-Akbar*: Page 41

This passage has been further explained by Imam Maghnisawi ﵀. He writes:

"... everything is written in the Preserved Tablet in complete detail as regards its attributes, such as beauty, ugliness, width, breadth, smallness, largeness, paucity, abundance, will, power, acquisition, and other descriptions, conditions and characteristics. Nothing is written in it as merely a command to occur without description or cause. For example, "Let Zayd be a believer and Amr an unbeliever is not written in the Tablet as such. Had it been written that way, Zayd would have been involuntarily compelled to believe and Amr to disbelieve, because whatever Allah Most High commands necessarily transpires. "Allah →

75. Whatever has missed a person could not have afflicted him, and whatever afflicts him could not have missed him.

76. A servant of Allah is obliged to know that Allah's eternal knowledge preceded everything in His creation.

77. And He has determined their measures exactly and decisively. And there is none in His creation, either the heavens or the earth that can nullify it, overrule it, erase it, change it, detract it, add to it or subtract it in any way.

78. And nothing can come into existence but by His bringing it into existence. And this bringing into existence is not but beautiful and perfect.

79. The above mentioned is a fundamental part of doctrine of belief and a principal element of knowledge, and profess of Allah's oneness and sovereignty, as Allah the Exalted has stated in His

---

Most High commands, and there is none to rescind (muaqqab) His command". Rather, it is written in the Tablet that Zayd will be a believer through his own choice and power, and he will desire true faith (imaan) and not unbelief; and Amr will be an unbeliever through his own choice and power, and he will desire unbelief and not true faith.

Therefore, the purpose of the Great Imam's statement "His writing entails descriptions not commands" is to deny compulsion in actions of servants and to refute the belief of the Jabbariyya".

Al-fiqh al-Akbar; Page 108 English translation by Mufti Abur-Rahman Ibn Yusuf.

Book: "and He has created everything and designed it in a perfect measure" (al-Furqan 25:2) And He has also said: "Allah's command is always an ordained decree." (al-Ahzab 33: 38)

80. So woe to anyone who on account of decree antagonizes with Allah and who in his desire to ponder in its depths, bringing forward a sick heart, delves into this matter. And in his delusional attempt to seek a secret which is concealed in the realm of unseen, ends up in whatever he utters concerning this matter, just a wicked fabricator of lies.

81. The "Arsh and the Kursi", the Throne and the Chair [18] are true.

82. Yet He the Exalted and Sublime has no need for the "Throne" and whatever is beneath it. [19]

---

[18] "Kursi" is an immense creation of Allah that is smaller to the "Arsh"(Throne) and encircles the universe, and "Arsh"(Throne) is the most immense creation of Allah that encircles the entire creation including the Kursi.

[19] The Great Imam Abu Hanifa in his treatise *al-Waseeyah* states:

"We believe Allah the Exalted did "istewaa" on the Throne, without Him being in need of it and without sitting on it, in fact He is the preserver of the Throne and all that are beside the Throne. If He was in need of (Arsh), He would not have been able to bring the creation into existence and administrate its affairs, just as created beings cannot. And if He was in need of sitting and settling on it, then where was he before→

[the creation of] the Throne. Indeed pure and transcendent is He, immensely above that" [they say]. Page 3

The Great Imam Abu Hanifa further elaborates in his book ***Al-Fiqh al-Absat***:

"If it is said where is Allah? It will be said that Allah the Exalted **was** and "where" did not exist before He created the world, Allah the Exalted **was** and "place" and world and nothing existed, He is the creator of all of them". Page 21

The Great Imam Abu Hanifa further states in his book ***Al-Waseeyah***:

"Anyone who says I do not know whether my Lord is in the skies or in earth, he has disbelieved". Page 14

Imam Abu Al-Laith Samarqandi explains the reason behind this statement: "Because this man with such a statement indicates that Allah the Exalted has a location and this makes him a disbeliever."

Sharh al-Fiqh al-Absat. Page 25

Imam Bayadhi explains this further: "[He disbelieves] because he has a believe that Allah the Exalted has a direction and a location".

Isharat al-Moraam: page 168

Imam Izzudin Ibn Abdus-Salaam too in his book ***Hal al-Romooz*** explains the great Imam's statement. He writes:

"[that person disbelieves] because his statement signalizes that Allah the Exalted has a location, and anyone who imagines that Allah the Exalted has a location, is an anthropomorphist".

Sharh al-Fiqh al-Akbar: page 115

The Great Imam Abu Hanifa in his book ***Al-Fiqh al-Absat*** further states: →

83. He encompasses and transcends all things and whatever is

"And similarly anyone who says the Lord is on the Throne, but I don't know whether the Throne is in the skies or in the earth", (he has disbelieved)

page 14.

Imam Bayadhi ﷺ explains the reason: "Because this statement too presupposes a belief that entails a direction, location and explicit deficiency for Allah the Most Exalted".

Isharaat al-Muraam: Page 16

The prophet himdelf ﷺ narrates the purity and transcendence of Allah the Most Exalted of having a location or being in a place from one of the angels who carry the Throne on their shoulders. Abu Huraira ﷺ reports in Sahih Hadeeth that the prophet ﷺ said:

"Let me narrate to you from an Angel that his feet are in the seventh earth and the Throne is on his shoulders, and he keeps saying; "O Lord, pure are you, from being said where were you, and where are you".

This hadeeth is narrated by Abu Yali: 11/496 no 8619,

Hafiz ibn Hajar ﷺ has verified it as sahih; Al-Matalib al-Aliyah: 10/82 no 3530,

And further Allama Haithami ﷺ in Majma al-Zawa'id: 1/80 and 8/135,

Imam Su'uti ﷺ in Al-Dur al-Manthor: 13/16,

Allama Aaloosi ﷺ in Rooh al-Ma'aani; 12/299,

Hosain Saleem Ahmad in Mosnad Abi yali: 11/96 no 8819 have verified it as sahih.

above the "**Throne**". [20]

84. And He has rendered His creation incapable of His encompassment.

85. We assert with faith, conviction and resignation that Allah took "**Ibrahim**" عليه السلام as an intimate friend and that He spoke to "**Musa**" عليه السلام.

---

[20] What is "**above the Throne**"? The "**Lawh**", the Preserved Tablet is situated above the "**Throne**" as stated in the famous hadith narrated in dozens of hadith books that "in pre-creation of the worlds when Allah the Exalted determined the decree of the creation, he wrote on a Book near Him, situated above the "**Throne**", that my mercy precedes my anger."

Bukhari: 3194, 7404,7422 & Muslim: 14-2751 & 16-2751

If so, then the "**Almotah'haroon Angels**" facilitate over the Throne too as mentioned in the holy Qur'an: "It is in the Book Well-guarded, which no one touches it but the Almotah'haroon" angels. Alwaaqe'ah, 56: 78, 79 And Allah knows best.

The word "**near him**" in Quran and Hadith has been used in regards to certain objects to express their honour and veneration to Allah the Exalted. For example it has been used in Quran: 66:11 to show the veneration of Paradise. Quran says: Allah has cited for the believers the example of the wife of Fir'aun (Pharaoh) when she said "My Lord, build for me, "**near you**", a house in the Paradise and deliver me from Fir'aun and his deeds and deliver me from the unjust people".

The prophet ﷺ too has used this word in the same meaning as narrated by Imam Bukhari: 7405 that the prophet ﷺ said: Allah the Most Exalted says: I am near to the thinking of my servant towards Me", meaning "I am just as My slave thinks I am".

86. We believe in the angels, and the Prophets, and the books which were revealed to the messengers, and we bear witness that they were all following the manifest Truth.

87. We term the people who face our "Qibla" as Muslim Believers as long as they acknowledge, confirm and do not refute what the Prophet ﷺ brought, stated and informed about.

88. We do not enter into speculations about Allah, nor do we allow any dispute about the religion of Allah.

89. We do not argue about the Qur'an, and we testify that it is the Word of the Lord of all Worlds which the Trustworthy Spirit (Jibreel) came down with, who taught it to the most honored of all the Messengers, Muhammad, may Allah bless him and his family and all his companions and grant them peace.

90. It is the Word of Allah the Exalted and no speech of any creation is comparable to it. We do not say that it was created.

91. And we do not go contrary to the majority of the Muslims. [21]

---

[21] "The majority of Muslims", means the consensus of the Mojtahideen of the "Ahl al-Sunna wal-Jamawah" the main body of Islam. Because the consensus of the Mohtahideen of this Ummat has been protected by Allah the Exalted, therefore anyone who dissents from it is a heretic.

Allah the Exalted states in the holy Qur'an :
"Whoever breaks away with the messenger after the right path →

92. We do not declare any of the people of our "Qibla" to be unbeliever for a sin he has committed, as long as he does not believe it to be lawful.

93. Nor do we say that the sin committed by a sinner does not harm him.

94. As for the virtuous among believers, we hope that Allah will pardon them and grant them entrance into Paradise by His grace. But we cannot be certain of this, nor can we testify that they will definitely be granted admittance into the Paradise.
We pray for forgiveness of the sinful among the believers, and although we fear for their salvation, yet nevertheless we are not in despair about them.

95. Assurance and despair both displace a person from the fold of the religion, yet the path of truth for the believers lies between the two.

96. A person does not lose his faith except by rejecting that which brought him into it.

97. Faith is affirmation by the tongue and conviction in the heart.

---

has become clear to him and follows what is not the Way of the Believers. We shall let him have what he chose and we shall admit him to Jahannam which is an evil place to return". 4:115

98. And whatever is revealed in the Qur'an and all that is verified from the Prophet ﷺ regarding the Sacred Law and its explanation is true.

99. Faith is one in reality and all the people of faith are the same in essence, yet the distinction of ranks among them is due to their level of the fear of Allah, opposition to desires, and adherence to that which is most pleasing to Allah. [22]

100. All believers are Friends of the Beneficent and the noblest of them to Allah are those who are the most obedient and who are adherent most to the Qur'an.

101. Faith is belief in Allah, His angels, His books, His messengers, the Last Day, the resurrection after death, and belief that the Decree, its good and evil, its sweetness and its bitterness all are from Allah, the Exalted.

102. We believe in all those said.

103. We do not distinguish between any of the messengers, and we acknowledge them all as true with whatever that they had brought.

---

[22] This could be understood easier with an example:
   Humanity is an essence and all individual humans are alike in the essence of humanity, i.e. being human, yet the distinction between them in their ranks is due to knowledge, intellect and etc.

104. Those of the Community of Muhammad ﷺ who have committed "Dire Sins" will not be in the Hellfire forever, as long as they died and meet Allah as knowing believers affirming His oneness, even if they had not repented.

105. They are subject to His will and judgment. If He pleases, He will forgive them and pardon them by His grace, as is mentioned in His Noble Qur'an when He says: "Surely, Allah does not forgive that a partner is ascribed to Him, and forgives anything short of that for whomsoever He wills"(al-Nisa 4: 116).
And if He pleases, He will punish them in the Hellfire by His justice, and then bring them out of it by His mercy, and by the intercession of those who are granted so among His obedient servants, and then sends them to Paradise.

106. This is because Allah is the Protector of those who acknowledge Him. He will not treat them in both worlds the same as He treats those who deny Him, who are devoid of His guidance and have parted from His protection.
O Allah, the Protector of Islam and its people; make us firm in Islam until the day we meet You in that state.

107. We deem permissible the congregational prayer behind any of the People of the "Qibla", whether pious or sinful, [23] and we

---

[23] "The congregational prayer behind any Muslim whether pious or sinful is permissible, but it should be noted that because of his sinfulness, praying behind him is Makrooh, therefore people should choose a pious imam to lead their Salah.

pray over those amongst them who died.

108. We do not specify about any of them to be either in the Paradise or the Hellfire, and do not accuse any of them of "Kufr, Shirk, and Nifaaq" [24] as long as they have not openly demonstrated any of those.
We leave their inner states to Allah the Exalted.

109. We do not deem the "Capital Punishment" permissible against any of the Community of Muhammad ﷺ, unless it is legislated upon him.

110. We do not permit rebellion against our leaders or those in charge of our public affairs, even if they do injustice. We also do not pray for evil to befall them, nor do we withdraw allegiance from their obedience.
We hold that our civic duty to them is a part of our obedience to Allah, the Exalted, and therefore legally binding on us, as long as they do not order us to commit misdeed.
We pray for their righteousness and ask Allah for their pardon.

111. We follow the "Sunnah" and the Majority of the scholars.

---

[24] Kufr: disbelief, shirk: associating partners with Allah, nifaaq, hypocrisy.

We avoid isolated opinions, disharmony and sectarianism. [25]

---

[25] "**Sunnah**" means the path that is moved on, in matters of religion. Here it refers to the path of the Prophet ﷺ, the path of his Companions, especially the path of the four great caliphs of Islam; Abu Bakr, Omar, Othman and Ali رضي الله عنهم, May Allah be pleased with them all, the path of Tabe'een, the four Imams of Islam who have been followed by the majority of Muslims throughout the 14 centuries of Islamic history.

"**We avoid isolated opinions, disharmony and sectarianism**". It means to create and propagate an opinion contrary to the opinion of the consensus of the Imams of Ahl al-Sunnah wal-Jama'ah whether in matters of Creed or Law. For example; the consensus of the scholars of Ahl al-Sunnah wal-Jama'ah is that Paradise and Hellfire will never perish, the journey to visit the holy grave of the beloved prophet ﷺ is permissible, Mut'ah is forbidden, three divorces uttered in one word are three divorces and hence the wife will be Haram for the husband, following one of the four Imams of Islam, i.e., Imam Abu Hanifa رحمه الله, Imam Malik رحمه الله, Imam Shafe'i رحمه الله, Imam Ahmad رحمه الله is compulsory, the minimum Salah of Taraweeh is twenty Rak'at, etc.

Now if someone appears in these ages and produces an opinion contrary to the consensus of the scholars of Ahl al-Sunnah wal-Jama'ah that Paradise and Hellfire or one of them will perish, the journey to visit the holy grave of the beloved prophet ﷺ is forbidden, Mut'ah is permissible, three divorces is just one single divorce and the wife still is halal for the husband, following one of the abovementioned Imams of Islam, is not compulsory, the Salah of Taraweeh is 8 or 12 Rak'ats etc., such opinions of his are deemed "isolated opinions", and under the →

112. We love the people of justice and trustworthiness, and loathe those who are tyrant and treacherous.

113. In the matters that their knowledge is ambiguous to us, we assert that: "Allah knows best."

114. We believe that wiping over leather foot-coverings (in ablution) whether residing or traveling, is permissible, just as narrated in the (multiply-transmitted) hadiths.

115. Hajj and jihad are continuous obligations under the leadership of legitimate Muslim rulers, whether they are pious or misdoer, until the arrival of the Last Hour. Nothing can abolish or revoke them.

116. We believe in the noble angelic scribes whom Allah has appointed as guardians over us.

117. We believe in the Angel of Death, who is in charge of seizing the souls of all in the world.

---

mentioned above, must be "avoided".

On the other hand if such an individual propagates his "isolated opinions", then his actions will be deemed as creating and instigating "disharmony and sectarianism" in Islam, which will have a severe penalty in the Hereafter and in a court of Islamic Law in an Islamic state too.

118. We believe in the punishment of the grave for those who earn it.

119. We believe in the questioning of the deceased in his grave by "Munkar" and "Nakir" about his Lord, his religion and his prophet, as narrated in the hadiths from the Messenger of Allah ﷺ, and from the Companions, may Allah be pleased with them all.

120. One's grave is either an orchard of the gardens of the Paradise, or a pit from the pits of the Hellfire.

121. We believe in the resurrection of the dead, the re-compensation of the deeds in the Day of Judgment, the presentation (of one's entire acts), the accountability, the recital of the Book (of one's records), the reward, the punishment, and the Bridge (over the Hellfire).

122. We believe in the "Mizaan", the Scale upon which the deeds of the Muslims, good or evil, obedient and disobedient are weighed.

123. The Paradise and the Hellfire are created realms that will never perish, nor come to an end.

124. We believe that Allah the Exalted, created Paradise and Hellfire before other creations. He then created inhabitants for them both. He grants admittance in paradise to whomever He

wills, by His grace, and He condemns whoever He wills to the Hellfire, by His justice. [26]

125. Everybody acts in accordance with what he is destined for, and moves towards the purpose he is created for.

126. Good and evil have both been determined for people.

127. The (divine) enablement that an act requires to occur cannot be ascribed to a created being. This enablement is simultaneous with the act. As for the (material) capability that results to an act, like health, capacity, being in a position to act, and having the necessary means, this capability exists in a person before the action. It is this type of capability that legal and moral obligations are pending on, and this is what Allah the Exalted says: "Allah does not obligate a person beyond his capacity." (al-Baqara 2: 286)

---

[26] The Great Imam Abu Hanifa in his book *al-Fiqh al-Akbar* states:

"Allah Most High created all created beings free from unbelief and true faith. He then addressed them, commanded them and prohibited them [from certain acts]. Thereafter whoever disbelieved did so through his own doing by rejecting and repudiating the truth. Allah having forsaken him, and whoever believed did so through his own choosing by affirming [the truth] and being convinced [of it]. Allah having granted him divine guidance and assistance ...

Allah does not compel anyone to unbelief or true faith. He does not create people believers or unbelievers, but created them as [pure] individuals. To believe or disbelieve is the action of the servants".

Al-Fiqh al-akbar, Page 115-116

128. People's actions are Allah's creation, yet people's acquisitions.[27]

129. Allah, the Exalted, has only obliged people with what they are capable to do, and people are only capable of doing what He has obliged them to do. This is the explanation of the phrase: "There is no power and no strength except by Allah."

130. We assert that no one can strategize, move, or avoid an act of disobedience to Allah, except with Allah's providence; and we also assert that no one has the ability to initiate an act of obedience to Allah and be steadfast upon it, except by Allah's the Exalted, providence.

131. Everything happens according to Allah's will, knowledge, decree and design.

132. His will supersedes all other wills and His decree overpowers all stratagems.

133. He does what He wills, yet He is never unjust.

---

[27] This could be understood better with an example.

A person, who works or performs a job, earns money, yet he does not make them. It is the government that makes the money, so the worker because of his work is the earner (acquirer) of the money and the government because of its producing the money is the maker of it.

134. He is exalted in His purity beyond any evil or affliction; He is transcendent beyond any flaw or imperfection. "He is not questioned about what He does, but it is they who will be questioned."(al-Anbiya' 21: 23)

135. In the prayers of the living, and in their charitable giving, for those who have died, there is benefit for the dead.

136. Allah the Exalted, responds to the prayers, and fulfills the needs.

137. He dominates everything and nothing dominates Him.

138. Nothing can be independent of Allah even for the blinking of an eye, and whoever imagines himself independent of Allah for the blinking of an eye, has blasphemed and has become among the dwellers of perdition.

139. Allah has wrath and pleasure, but not like any creature.

140. We assert that we love the Companions of Allah's Messenger ﷺ. We do not, however go to extreme in our love for anyone among them; nor do we disclaim from any of them. We loathe those who despise them. We only speak well of them. We behold loving them as a part of religion, faith, and spiritual excellence, likewise we hold hating them as blasphemy, damnation, hypocrisy and transgression.

141. We assert the caliphate after the demise of Allah's Messenger ﷺ, first for "Abu Bakr al-Siddiq", in accord with his preeminence and precedence over the entire Muslim Ummah; then for "Omar ibn al-Khattab"; then for "Othman ibn Affaan"; and then for "Ali ibn Abi Talib"; may Allah be well pleased with all of them. They are the Guiding Caliphs and the Guided leaders, who ruled with righteousness and by it established justice.

142. We testify that the ten whom Allah's Messenger ﷺ has named, and designated to be in Paradise, are in Paradise, as the Messenger of Allah ﷺ, whose word is truth, testified that they would be.
   Those ten are:
   Abu Bakr, Omar, Othman, Ali, Talha, Zubayr, Sa'd, Sa'id, Abdur-Rahman ibn Awf, and Abu Ubayda ibn al-Jarraah whose title was the Trustee of this community, may Allah be pleased with all of them.

143. Anyone who speaks well of the Companions of the Messenger of Allah ﷺ, and his virtuous wives and purified descendents, is absolved of hypocrisy.

144. The pious scholars of the Predecessors, the Companions ﷺ and those who immediately followed them: and those people who came after them; the people of spiritual excellence, the narrators of hadith, the paragons of jurisprudence, and the scholars of theology, they must be mentioned in the best manner, and anyone who

speaks ill of them, is deviated from the right path. [28]

145. We do not prefer any of the saintly men over any of the Prophets, but we assert that one prophet is better than all the saints.

146. We believe in the miracles of the saints that have been conveyed and verified to us by trustworthy sources.

147. We believe in the signs of the End of Time, including the emergence of Dajjaal, the Anti-christ, the descent of Isa ibn Maryam (Jesus) عليه السلام from heavens, and we also believe in the rising of the sun from where it sets, and in the appearance of the Beast of Earth from its designated location.

148. We refute the words of soothsayers, and the utterance of fortunetellers.

149. We also reject anyone who claims anything contrary to the Book, the Sunnah [29], and the consensus of the scholars of this

---

[28] "**The right path**" refers to the "path of the believers" in the holy Qur'an that states: "And whoever follows a path other than the Path of the Believers, We will let him have what he chose, and then throw him in the Hellfire, and that is an evil place to return". al-Nisaa, 4:115

[29] "**The Book**", means the holy Qur'an and the "**Sunnah**" means the path that is moved on, in matters of religion. Here it refers to the path of the Prophet ﷺ and his companions رضي الله عنهم. Especially the path of the four great caliphs of Islam, Abu Bakr, Omar, Othman and Ali, May Allah be pleased with them all. رضي الله عنهم

Ummah.[30]

150. We believe that "**mainstream body of Islam**" is right and correct and schism is deviation and a path to perdition.

151. The religion of Allah in the heavens and the earth is just one, and that is the religion of Islam (submission), as Allah the Exalted says: "Verily the only religion with Allah is Islam." (Al Imran 3: 19) And He the Exalted also states: "anyone who seeks a religion other that Islam, it will not be accepted from him". And finally He says: "I am pleased with Islam as a religion for you." (al-Ma'ida 5: 3)

152. Islam lies between extremism and negligence.

153. Between likening of Allah's attributes to creation and

---

30 "**The consensus of the scholars of this Ummah**" refers to those rulings that the paragons of the Islamic jurisprudence have a unified opinion on them. For example, the prohibition of Mot'ah, the preferability of traveling to visit the grave of the holy Prophet ﷺ, the binding of three divorce uttered in one word, following one of the four Imams of Islam, i.e., Imam Abu Hanifa رحمه الله, Imam Malik رحمه الله, Imam Shafe'i رحمه الله, Imam Ahmad رحمه الله is compulsory, the minimum twenty Rak'ah of Salah of Taraawih during the month of Ramadan, all these and hundreds more have been established through "**the consensus of the scholars of this Ummah**", therefore anyone who dissents from them and makes a claim contrary to them, his words and his claim shall be rejected, as the words and claims of soothsayers, and the utterance of fortunetellers are rejected.

divesting Allah of attributes.

154. And it is between determinism and freewill.

155. And it is between assurance of salvation, and despair from Allah's mercy.

156. This is our religion and our creed, both in public and private, and we absolve before Allah, of anyone who opposes what we have mentioned and made clear.

157. We ask Allah to make us firm in our belief and seal our lives with it, and to protect and preserve us from heresies, scattering devious opinions and perverse doctrines such as those of the Mushabbiha, the Mu'tazila, the Jahmiyya, the Jabriyya, the Qadariyya, [31] and others like them who opposed the "Sunna and the Jama'ah" and have allied themselves with deviation and misguidance.

We renounce them. They in our opinion have gone astray and are on a path of destruction.

---

[31] Mushabbiha = the anthropomorphists,
Mu'tazila = the rationalists or the dissenters,
Jahmiyya = the pantheists,
Jabriyya = the determinists or the fatalists,
Qadariyya = the dualists or the libratarians.

Allah knows best. To Him is our departure and final return.

﴿١٥١﴾ وَدِينُ اللهِ فِي السَّمَاءِ وَالْأَرْضِ وَاحِدٌ، وَهُوَ دِينُ الإِسْلامِ، كَمَا قَالَ اللهُ تَعَالَى ﴿إِنَّ الدِّينَ عِندَ اللَّهِ الْإِسْلَامُ﴾ وَقَالَ تَعَالَى ﴿وَمَن يَبْتَغِ غَيْرَ الْإِسْلَامِ دِينًا فَلَن يُقْبَلَ مِنْهُ﴾ وَقَالَ تَعَالَى ﴿وَرَضِيتُ لَكُمُ الْإِسْلَامَ دِينًا﴾

﴿١٥٢﴾ وَهُوَ بَيْنَ الغُلُوِّ وَالتَّقْصِيرِ،

﴿١٥٣﴾ وَبَيْنَ التَّشْبِيهِ وَالتَّعْطِيلِ،

﴿١٥٤﴾ وَبَيْنَ الْجَبْرِ وَالْقَدَرِ،

﴿١٥٥﴾ وَبَيْنَ الْأَمْنِ وَالْيَأْسِ،

﴿١٥٦﴾ فَهٰذَا دِينُنَا وَاعْتِقَادُنَا، ظَاهِرًا وَبَاطِنًا، وَنَحْنُ نَبْرَأُ إِلَى اللهِ تَعَالَى مِمَّنْ خَالَفَ الَّذِي ذَكَرْنَاهُ، وَبَيَّنَّاهُ،

﴿١٥٧﴾ وَنَسْأَلُ اللهَ تَعَالَى أَنْ يُثَبِّتَنَا عَلَيْهِ وَيَخْتِمَ لَنَا بِهِ، وَيَعْصِمَنَا مِنَ الأَهْوَاءِ الْمُخْتَلِطَةِ وَالْآرَاءِ الْمُتَفَرِّقَةِ، وَالْمَذَاهِبِ الرَّدِيَّةِ، كَالْمُشَبِّهَةِ وَالْجَهْمِيَّةِ وَالْجَبْرِيَّةِ وَالْقَدَرِيَّةِ وَغَيْرِهِمْ مِمَّنْ خَالَفَ السُّنَّةَ وَالْجَمَاعَةَ، وَاتَّبَعَ الْبِدْعَةَ وَالضَّلَالَةَ، وَنَحْنُ مِنْهُمْ بُرَآءُ، وَهُمْ عِنْدَنَا ضُلَّالٌ وَأَرْدِيَاءُ،

وَاللهُ أَعْلَمُ بِالصَّوَابِ، وَإِلَيْهِ الْمَرْجِعُ وَالْمَآبُ،

تم بحمد الله

وَمَنْ ذَكَرَهُمْ بِسُوْءٍ فَهُوَ عَلىٰ غَيْرِ السَّبِيْلِ،[١]

١٤٥ وَلا نُفَضِّلُ أَحَداً مِنَ الْأَوْلِيَآءِ عَلىٰ أَحَدٍ مِنَ الْأَنْبِيَآءِ، وَنَقُولُ: نَبِيٌّ وَاحِدٌ أَفْضَلُ مِنْ جَمِيْعِ الْأَوْلِيَآءِ،

١٤٦ وَنُؤْمِنُ بِمَا جَاءَ مِنْ كَرَامَاتِهِمْ، وَصَحَّ عَنِ الثِّقَاتِ مِنْ رِوَايَاتِهِمْ،

١٤٧ وَنُؤْمِنُ بِأَشْرَاطِ السَّاعَةِ مِنْهَا خُرُوجُ الدَّجَّالِ، وَنُزُولُ عِيْسىٰ عَلَيْهِ السَّلَامُ مِنَ السَّمَاءِ، وَبِطُلُوْعِ الشَّمْسِ مِنْ مَغْرِبِهَا، وَخُرُوجِ دَآبَّةِ الْأَرْضِ مِنْ مَوْضِعِهَا،

١٤٨ وَلا نُصَدِّقُ كَاهِناً وَلا عَرَّافاً،

١٤٩ وَلا مَنْ يَدَّعِي شَيْئاً بِخِلافِ الْكِتَابِ وَالسُّنَّةِ وَإِجْمَاعِ الْأُمَّةِ،

١٥٠ وَنَرَي الْجَمَاعَةَ حَقّاً وَصَوَاباً، وَالْفُرْقَةَ زَيْغاً وَعَذَاباً،[٢]

---

(١) والمراد من «غَيْرِ السَّبِيْلِ»، غير سبيل المؤمنين، كما قال الله تعالى: وَمَنْ يُّشَاقِقِ الرَّسُوْلَ مِنْ بَعْدِ مَا تَبَيَّنَ لَهُ الْهُدٰى وَيَتَّبِعْ غَيْرَ سَبِيْلِ الْمُؤْمِنِيْنَ نُوَلِّهٖ مَا تَوَلّٰى وَنُصْلِهٖ جَهَنَّمَ ۖ وَسَآءَتْ مَصِيْرًا ﴿١١٥﴾

(٢) «اَلْجَمَاعَةُ»: أى ما أجمع عليه الأئمة المجتهدون من أهل السنة والجماعة، أى السواد الاعظم فى الاسلام.

قال الامام الميدانى رحمه الله فى شرحه على العقيدة الطحاوية: (ص٩٥)

فإن الله تعالى عصم هذه الأمة عن الاتفاق على الضلالة، فمَن خالفها كان ضالاً. قال تعالى: وَمَنْ يُّشَاقِقِ الرَّسُوْلَ مِنْ بَعْدِ مَا تَبَيَّنَ لَهُ الْهُدٰى وَيَتَّبِعْ غَيْرَ سَبِيْلِ الْمُؤْمِنِيْنَ نُوَلِّهٖ مَا تَوَلّٰى وَنُصْلِهٖ جَهَنَّمَ ۖ وَسَآءَتْ مَصِيْرًا ﴿١١٥﴾

رَضِيَ اللهُ عَنْهُ، تَفْضِيلاً وَ تَقْدِيماً عَلَىٰ جَمِيعِ الْأُمَّةِ، ثُمَّ لِعُمَرَ بْنِ الْخَطَّابِ رَضِيَ اللهُ عَنْهُ، ثُمَّ لِعُثْمَانَ بْنِ عَفَّانَ رَضِيَ اللهُ عَنْهُ، ثُمَّ لِعَلِيِّ بْنِ أَبِي طَالِبٍ رِضْوَانُ اللهِ عَلَيْهِمْ أَجْمَعِينَ،

وَهُمُ الْخُلَفَاءُ الرَّاشِدُونَ، وَالْأَئِمَّةُ الْمَهْدِيُّونَ، اَلَّذِينَ قَضَوْا بِالْحَقِّ وَ كَانُوا بِهِ يَعْدِلُونَ،

١٤٢ وَ إِنَّ الْعَشَرَةَ الَّذِينَ سَمَّاهُمْ رَسُولُ اللهِ صَلَّى اللهُ عَلَيْهِ وَسَلَّمَ، نَشْهَدُ لَهُمْ بِالْجَنَّةِ كَمَا شَهِدَ لَهُمْ رَسُولُ اللهِ صَلَّى اللهُ عَلَيْهِ وَسَلَّمَ وَ قَوْلُهُ الْحَقُّ،

وَهُمْ: أَبو بَكْرٍ وَ عُمَرُ وَ عُثْمَانُ وَ عَلِيٌّ وَ طَلْحَةُ وَ الزُّبَيْرُ وَ سَعْدٌ وَ سَعِيدٌ وَ عَبْدُ الرَّحْمٰنِ بْنُ عَوْفٍ وَ أَبو عُبَيْدَةَ بْنُ الْجَرَّاحِ، وَ هُوَ أَمِينُ هٰذِهِ الْأُمَّةِ، رِضْوَانُ اللهِ عَلَيْهِمْ أَجْمَعِينَ،

١٤٣ وَمَنْ أَحْسَنَ الْقَوْلَ فِي أَصْحَابِ النَّبِيِّ صَلَّى اللهُ عَلَيْهِ وَسَلَّمَ وَ أَزْوَاجِهِ الطَّاهِرَاتِ مِنْ كُلِّ دَنَسٍ، وَ ذُرِّيَّاتِهِ الْمُقَدَّسِينَ مِنْ كُلِّ رِجْسٍ، فَقَدْ بَرِئَ مِنَ النِّفَاقِ،

١٤٤ وَ عُلَمَاءُ السَّلَفِ مِنَ الصَّحَابَةِ وَ التَّابِعِينَ وَ مَنْ بَعْدَهُمْ مِنْ أَهْلِ «الْخَيْرِ» وَ «الْأَثَرِ»، وَ أَهْلِ «الْفِقْهِ» وَ «النَّظَرِ»، لَا يُذْكَرُونَ إِلَّا بِالْجَمِيلِ،

عَمَّا يَفْعَلُ وَهُمْ يُسْـَٔلُونَ ﴿٢٣﴾

١٣٥ وَفِي دُعَاءِ الْأَحْيَاءِ لِلْأَمْوَاتِ وَصَدَقَتِهِمْ مَنْفَعَةٌ لِلْأَمْوَاتِ،

١٣٦ وَاللهُ تَعَالَى يَسْتَجِيبُ الدَّعَوَاتِ، وَيَقْضِي الْحَاجَاتِ،

١٣٧ وَيَمْلِكُ كُلَّ شَيْءٍ، وَلَا يَمْلِكُهُ شَيْءٌ،

١٣٨ وَلَا يُسْتَغْنَى عَنِ اللهِ تَعَالَى طَرْفَةَ عَيْنٍ، وَمَنِ اسْتَغْنَى عَنِ اللهِ طَرْفَةَ عَيْنٍ فَقَدْ كَفَرَ، وَصَارَ مِنْ أَهْلِ الْخُسْرَانِ،

١٣٩ وَإِنَّ اللهَ تَعَالَى يَغْضَبُ وَيَرْضَى لَا كَأَحَدٍ مِنَ الْوَرَى،

١٤٠ وَنُحِبُّ أَصْحَابَ النَّبِيِّ صَلَّى اللهُ عَلَيْهِ وَسَلَّمَ وَلَا نُفَرِّطُ فِي حُبِّ أَحَدٍ مِنْهُمْ، وَلَا نَتَبَرَّأُ مِنْ أَحَدٍ مِنْهُمْ، وَنُبْغِضُ مَنْ يُبْغِضُهُمْ، وَبِغَيْرِ الْحَقِّ لَا نَذْكُرُهُمْ؛ وَنَرَى حُبَّهُمْ دِينًا وَإِيمَانًا وَإِحْسَانًا، وَبُغْضَهُمْ كُفْرًا وَشِقَاقًا وَنِفَاقًا وَطُغْيَانًا،

١٤١ وَنُثْبِتُ الْخِلَافَةَ بَعْدَ النَّبِيِّ صَلَّى اللهُ عَلَيْهِ وَسَلَّمَ أَوَّلًا لِأَبِي بَكْرٍ الصِّدِّيقِ

﴿١٢٥﴾ وَ كُلٌّ يَعْمَلُ لِمَا قَدْ فُرِغَ مِنْهُ، وَصَائِرٌ إِلَىٰ مَا خُلِقَ لَهُ،

﴿١٢٦﴾ وَالْخَيْرُ وَالشَّرُّ مُقَدَّرَانِ عَلَى الْعِبَادِ،

﴿١٢٧﴾ وَالْإِسْتِطَاعَةُ الَّتِي يَجِبُ بِهَا الْفِعْلُ مِنْ نَحْوِ التَّوْفِيقِ الَّذِي لَا يَجُوزُ أَنْ يُوصَفَ الْمَخْلُوقُ بِهَا تَكُونُ مَعَ الْفِعْلِ، وَأَمَّا الْإِسْتِطَاعَةُ مِنَ الصِّحَّةِ وَالْوُسْعِ وَالتَّمَكُّنِ وَسَلَامَةُ الْآلَاتِ، فَهِيَ قَبْلَ الْفِعْلِ، وَبِهَا يَتَعَلَّقُ الْخِطَابُ، وَهُوَ كَمَا قَالَ اللّٰهُ تَعَالَىٰ ﴿لَا يُكَلِّفُ اللّٰهُ نَفْساً إِلَّا وُسْعَهَا﴾

﴿١٢٨﴾ وَأَفْعَالُ الْعِبَادِ هِيَ بِخَلْقِ اللّٰهِ تَعَالَىٰ وَ كَسْبٍ مِنَ الْعِبَادِ،(١)

﴿١٢٩﴾ وَلَمْ يُكَلِّفْهُمُ اللّٰهُ تَعَالَىٰ إِلَّا مَا يُطِيقُونَ، وَلَا يُطِيقُونَ إِلَّا مَا كَلَّفَهُمْ، وَهُوَ حَاصِلُ تَفْسِيرِ ﴿لَا حَوْلَ وَلَا قُوَّةَ إِلَّا بِاللّٰهِ﴾

﴿١٣٠﴾ نَقُولُ: لَا حِيلَةَ لِأَحَدٍ، وَلَا حَرَكَةَ لِأَحَدٍ، وَلَا تَحَوُّلَ لِأَحَدٍ عَنْ مَعْصِيَةِ اللّٰهِ، إِلَّا بِمَعُونَةِ اللّٰهِ، وَلَا قُوَّةَ لِأَحَدٍ عَلَىٰ إِقَامَةِ طَاعَةِ اللّٰهِ وَالثَّبَاتِ عَلَيْهَا إِلَّا بِتَوْفِيقِ اللّٰهِ،

﴿١٣١﴾ وَ كُلُّ شَيْءٍ يَجْرِي بِمَشِيئَةِ اللّٰهِ عَزَّ وَجَلَّ وَعِلْمِهِ وَقَضَائِهِ وَقَدَرِهِ،

﴿١٣٢﴾ غَلَبَتْ مَشِيئَتُهُ الْمَشِيئَاتِ كُلَّهَا، وَغَلَبَ قَضَاؤُهُ الْحِيَلَ كُلَّهَا،

﴿١٣٣﴾ يَفْعَلُ مَا شَاءَ وَهُوَ غَيْرُ ظَالِمٍ أَبَداً،

﴿١٣٤﴾ تَقَدَّسَ عَنْ كُلِّ سُوءٍ وَحَيْنٍ، وَتَنَزَّهَ عَنْ كُلِّ عَيْبٍ وَشَيْنٍ ﴿لَا يُسْئَلُ

---

(١) مثاله: كالاثمان النقدية، العامل يكسبها و ليس هو بصانعها، بل الحكومة هى الصانع، فالعامل كاسب النقود لعمله، والحكومة هى الصانع لصنعها.

﴿١١٦﴾ وَنُؤْمِنُ بِالْكِرَامِ الْكَاتِبِينَ وَأَنَّ اللّٰهَ قَدْ جَعَلَهُمْ عَلَيْنَا حَافِظِينَ،

﴿١١٧﴾ وَنُؤْمِنُ بِمَلَكِ الْمَوْتِ الْمُوَكَّلِ بِقَبْضِ أَرْوَاحِ الْعَالَمِينَ،

﴿١١٨﴾ وَبِعَذَابِ الْقَبْرِ لِمَنْ كَانَ لَهُ أَهْلاً،

﴿١١٩﴾ وَبِسُؤَالِ مُنْكَرٍ وَنَكِيرٍ لِلْمَيِّتِ فِي قَبْرِهِ، عَنْ رَبِّهِ وَدِينِهِ وَنَبِيِّهِ، عَلٰى مَا جَاءَتْ بِهِ الْأَخْبَارُ عَنْ رَسُولِ رَبِّهِ صَلَّى اللّٰهُ عَلَيْهِ وَسَلَّمَ وَعَنِ الصَّحَابَةِ رَضِيَ اللّٰهُ عَنْهُمْ أَجْمَعِينَ،

﴿١٢٠﴾ وَالْقَبْرُ رَوْضَةٌ مِنْ رِيَاضِ الْجَنَّةِ أَوْ حُفْرَةٌ مِنْ حُفَرِ النَّارِ،

﴿١٢١﴾ وَنُؤْمِنُ بِالْبَعْثِ وَبِجَزَاءِ الْأَعْمَالِ يَوْمَ الْقِيَامَةِ، وَالْعَرْضِ وَالْحِسَابِ، وَقِرَاءَةِ الْكِتَابِ، وَالثَّوَابِ وَالْعِقَابِ، وَالصِّرَاطِ،

﴿١٢٢﴾ وَالْمِيزَانِ، يُوزَنُ بِهِ أَعْمَالُ الْمُؤْمِنِينَ مِنَ الْخَيْرِ وَالشَّرِّ وَالطَّاعَةِ وَالْمَعْصِيَةِ،

﴿١٢٣﴾ وَالْجَنَّةُ وَالنَّارُ مَخْلُوقَتَانِ لَا يَفْنَيَانِ، وَلَا يَبِيدَانِ،

﴿١٢٤﴾ وَإِنَّ اللّٰهَ تَعَالٰى خَلَقَ الْجَنَّةَ وَالنَّارَ، قَبْلَ الْخَلْقِ، وَخَلَقَ لَهُمَا أَهْلاً، فَمَنْ شَاءَ إِلَى الْجَنَّةِ أَدْخَلَهُ فَضْلاً مِنْهُ، وَمَنْ شَاءَ مِنْهُمْ إِلَى النَّارِ أَدْخَلَهُ عَدْلاً مِنْهُ، (١)

---

(١) قال الامام الاعظم ابوحنيفة رضي الله عنه فى كتابه «الفقه الاكبر»:

خَلَقَ اللّٰهُ تَعَالَى الْخلق سليماً من الْكفْر وَالْإِيمَان، ثمَّ خاطبهم وَأَمَرَهُم ونهاهُم، فكفر من كفر بِفِعْلِهِ وإنكاره و جحوده الْحق بخذلان اللّٰهِ تعَالَى إِيَّاهُ، وآمن من آمن بِفِعْلِهِ وَإِقْرَاره وتصديقه بِتَوْفِيق الله تعَالَى إِيَّاه ونصرته لَهُ... وَلم يجْبر أحداً مِن خَلقِهِ على الْكفْر وَلَا على الْإِيمَان، وَلَا خَلَقَهُ مُؤمناً وَلَا كَافِراً، وَلكِن خَلَقَهُمْ أشخاصاً، وَالْإِيمَان وَالْكفْر فِعل الْعباد.

الفقه الاكبر للامام ابى حنيفة: ص٥

وَجَبَ عَلَيْهِ السَّيْفُ،

﴿١١٠﴾ وَلا نَرَى الْخُرُوجَ عَلَىٰ أَئِمَّتِنَا وَوُلَاةِ أُمُورِنَا وَإِنْ جَارُوا، وَلا نَدْعُو عَلَى أَحَدٍ مِنْهُمْ، وَلا نَنْزِعُ يَداً مِنْ طَاعَتِهِمْ وَنَرَى طَاعَتَهُمْ مِنْ طَاعَةِ اللهِ عَزَّ وَجَلَّ فَرِيضَةً مَا لَمْ يَأْمُرُوا بِمَعْصِيَةٍ، وَنَدْعُو لَهُمْ بِالصَّلاحِ وَالْمُعَافَاةِ،

﴿١١١﴾ وَنَتَّبِعُ السُّنَّةَ وَالْجَمَاعَةَ، وَنَجْتَنِبُ الشُّذُوذَ وَالْخِلافَ وَالْفُرْقَةَ،

﴿١١٢﴾ وَنُحِبُّ أَهْلَ الْعَدْلِ وَالْأَمَانَةِ، وَنُبْغِضُ أَهْلَ الْجَوْرِ وَالْخِيَانَةِ،(١)

﴿١١٣﴾ وَنَقُولُ: اللهُ أَعْلَمُ فِيمَا اشْتَبَهَ عَلَيْنَا عِلْمُهُ،

﴿١١٤﴾ وَنَرَي الْمَسْحَ عَلَى الْخُفَّيْنِ فِي السَّفَرِ وَالْحَضَرِ، كَمَا جَاءَ فِي الْأَثَرِ،

﴿١١٥﴾ وَالْحَجُّ وَالْجِهَادُ فَرْضَانِ مَاضِيَانِ مَعَ أُولِي الْأَمْرِ مِنْ أَئِمَّةِ الْمُسْلِمِينَ، بَرِّهِمْ وَفَاجِرِهِمْ إِلَى يَوْمِ الْقِيَامَةِ، لا يُبْطِلُهُمَا شَيْءٌ، وَلا يَنْقُضُهُمَا،

---

(١) المراد بحبّهم وبغضهم، حُبُّ أفعالهم وبُغْض أفعالهم، لا ذواتهم. أ هـ. شرح الطحاوية للغزنوي. (ص١٣٢)

﴿١٠٤﴾ وَأَهْلُ الْكَبَائِرِ مِنْ أُمَّةِ مُحَمَّدٍ صَلَّى اللهُ عَلَيْهِ وَسَلَّمَ فِي النَّارِ لَا يُخَلَّدُونَ إِذَا مَاتُوا، وَهُمْ مُوَحِّدُونَ وَإِنْ لَمْ يَكُونُوا تَائِبِينَ بَعْدَ أَنْ لَقُوا اللهَ عَارِفِينَ مُؤْمِنِينَ،

﴿١٠٥﴾ وَهُمْ فِي مَشِيئَتِهِ وَحُكْمِهِ، إِنْ شَاءَ غَفَرَ لَهُمْ، وَعَفَا عَنْهُمْ بِفَضْلِهِ، كَمَا قَالَ تَعَالَى فِي كِتَابِهِ الْعَزِيزِ ﴿إِنَّ اللَّهَ لَا يَغْفِرُ أَن يُشْرَكَ بِهِ وَيَغْفِرُ مَا دُونَ ذَٰلِكَ لِمَن يَشَاءُ﴾ ﴿١١٦﴾ وَإِنْ شَاءَ عَذَّبَهُمْ فِي النَّارِ بِقَدْرِ جِنَايَتِهِمْ بِعَدْلِهِ، ثُمَّ يُخْرِجُهُمْ مِنْهَا بِرَحْمَتِهِ وَشَفَاعَةِ الشَّافِعِينَ مِنْ أَهْلِ طَاعَتِهِ، ثُمَّ يَبْعَثُهُمْ إِلَى جَنَّتِهِ،

﴿١٠٦﴾ وَذَلِكَ بِأَنَّ اللهَ مَوْلَى أَهْلِ مَعْرِفَتِهِ، وَلَمْ يَجْعَلْهُمْ فِي الدَّارَيْنِ كَأَهْلِ نُكْرَتِهِ، الَّذِينَ خَابُوا مِنْ هِدَايَتِهِ، وَلَمْ يَنَالُوا مِنْ وِلَايَتِهِ،

أَللَّهُمَّ يَا وَلِيَّ الإِسْلَامِ وَأَهْلِهِ مَسِّكْنَا بِالْإِسْلَامِ حَتَّى نَلْقَاكَ بِهِ،

﴿١٠٧﴾ وَنَرَى الصَّلَاةَ خَلْفَ كُلِّ بَرٍّ وَفَاجِرٍ مِنْ أَهْلِ الْقِبْلَةِ، وَنُصَلِّي عَلَى مَنْ مَاتَ مِنْهُمْ،

﴿١٠٨﴾ وَلَا نُنَزِّلُ أَحَداً مِنْهُمْ جَنَّةً وَلَا نَاراً، وَلَا نَشْهَدُ عَلَيْهِمْ بِكُفْرٍ وَلَا شِرْكٍ وَلَا نِفَاقٍ مَا لَمْ يَظْهَرْ مِنْهُمْ مِنْ ذَلِكَ شَيْءٌ، وَنَذَرُ سَرَائِرَهُمْ إِلَى اللهِ تَعَالَى،

﴿١٠٩﴾ وَلَا نَرَى السَّيْفَ عَلَى أَحَدٍ مِنْ أُمَّةِ مُحَمَّدٍ صَلَّى اللهُ عَلَيْهِ وَسَلَّمَ إِلَّا مَنْ

٩٥ وَالْأَمْنُ وَالْإِيَاسُ يَنْقُلانِ عَنِ الْمِلَّةِ؛ وَسَبِيلُ الْحَقِّ بَيْنَهُمَا لِأَهْلِ الْقِبْلَةِ،

٩٦ وَلَا يَخْرُجُ الْعَبْدُ مِنَ الْإِيمَانِ إِلَّا بِجُحُودِ مَا أَدْخَلَهُ فِيهِ،

٩٧ وَالْإِيمَانُ هُوَ الْإِقْرَارُ بِاللِّسَانِ وَالتَّصْدِيقُ بِالْجَنَانِ،

٩٨ وَأَنَّ جَمِيعَ مَا أَنْزَلَ اللّٰهُ فِي الْقُرْآنِ، وَجَمِيعَ مَا صَحَّ عَنِ النَّبِيِّ صَلَّى اللّٰهُ عَلَيْهِ وَسَلَّمَ مِنَ الشَّرْعِ وَالْبَيَانِ كُلُّهُ حَقٌّ،

٩٩ وَالْإِيمَانُ وَاحِدٌ وَأَهْلُهُ فِي أَصْلِهِ سَوَاءٌ، وَالتَّفَاضُلُ بَيْنَهُمْ بِالتَّقْوَى وَمُخَالَفَةِ الْهَوَى وَمُلَازَمَةِ الْأَوْلَى،(١)

١٠٠ وَالْمُؤْمِنُونَ كُلُّهُمْ أَوْلِيَاءُ الرَّحْمٰنِ، وَأَكْرَمُهُمْ أَطْوَعُهُمْ وَأَتْبَعُهُمْ لِلْقُرْآنِ،

١٠١ وَالْإِيمَانُ: هُوَ الْإِيمَانُ بِاللّٰهِ وَمَلَائِكَتِهِ وَكُتُبِهِ وَرُسُلِهِ وَالْيَوْمِ الْآخِرِ، وَالْبَعْثِ بَعْدَ الْمَوْتِ، وَالْقَدَرِ خَيْرِهِ وَشَرِّهِ، وَحُلْوِهِ وَمُرِّهِ مِنَ اللّٰهِ تَعَالَى،

١٠٢ وَنَحْنُ مُؤْمِنُونَ بِذٰلِكَ كُلِّهِ،

١٠٣ وَلَا نُفَرِّقُ بَيْنَ أَحَدٍ مِنْ رُسُلِهِ، وَنُصَدِّقُهُمْ كُلَّهُمْ عَلَى مَا جَاءُوا بِهِ،

---

(١) كالبشريّة واحد، و كُلّ أفراد البشر في البشريّة سواءٌ، والتفاضل بينهم بالعلم والفهم والعقل و أمثالها...

﴿٨٨﴾ وَلا نَخُوضُ فِى اللهِ، وَلا نُمَارِى فِى دِيْنِ اللهِ تَعَالٰى،

﴿٨٩﴾ وَلا نُجَادِلُ فِى الْقُرْآنِ؛ وَنَشْهَدُ أَنَّهُ كَلامُ رَبِّ الْعَالَمِيْنَ، نَزَلَ بِهِ الرُّوْحُ الْأَمِيْنُ، فَعَلَّمَهُ سَيِّدَ الْمُرْسَلِيْنَ، مُحَمَّداً صَلَّى اللهُ عَلَيْهِ وَعَلٰى آلِهِ وَصَحْبِهِ أَجْمَعِيْنَ،

﴿٩٠﴾ وَكَلَامُ اللهِ تَعَالٰى لا يُسَاوِيْهِ شَيْءٌ مِنْ كَلَامِ الْمَخْلُوقِيْنَ، وَلا نَقُولُ بِخَلْقِ الْقُرْآنِ،

﴿٩١﴾ وَلا نُخَالِفُ جَمَاعَةَ الْمُسْلِمِيْنَ،[1]

﴿٩٢﴾ وَلا نُكَفِّرُ أَحَداً من أَهْلِ الْقِبْلَةِ بِذَنْبٍ، مَا لَمْ يَسْتَحِلَّهُ،

﴿٩٣﴾ وَلا نَقُولُ لا يَضُرُّ مَعَ الْإِسْلامِ ذَنْبٌ لِمَنْ عَمِلَهُ

﴿٩٤﴾ وَنَرْجُو لِلْمُحْسِنِيْنَ مِنَ الْمُؤْمِنِيْنَ، أَنْ يَعْفُوَ عَنْهُمْ وَيُدْخِلَهُمُ الْجَنَّةَ بِرَحْمَتِهِ، وَلا نَأْمَنُ عَلَيْهِمْ، وَلا نَشْهَدُ لَهُمْ بِالْجَنَّةِ، وَنَسْتَغْفِرُ لِمُسِيْئِهِمْ، وَنَخَافُ عَلَيْهِمْ وَلا نُقَنِّطُهُمْ،

---

(١) «جَمَاعَةَ الْمُسْلِمِيْنَ»: أى ما أجمع عليه الأئمة المجتهدون من أهل السنة و الجماعة، أى السواد الاعظم فى الاسلام. قال الامام الميدانى رحمه الله فى شرحه على العقيدة الطحاوية: فإن الله تعالى عصم هذه الأمة عن الاتفاق على الضلالة، فمَن خالفها كان ضالاً قال تعالى: وَمَنْ يُشَاقِقِ الرَّسُولَ مِنْ بَعْدِ مَا تَبَيَّنَ لَهُ الْهُدَىٰ وَيَتَّبِعْ غَيْرَ سَبِيلِ الْمُؤْمِنِينَ نُوَلِّهِ مَا تَوَلَّىٰ وَنُصْلِهِ جَهَنَّمَ ۖ وَسَاءَتْ مَصِيرًا ﴿١١٥﴾ (ص٩٥)

﴿٨٣﴾ مُحِيْطٌ بِكُلِّ شَيْءٍ وَ بِمَا فَوْقَهُ، (١)

﴿٨٤﴾ قَدْ أَعْجَزَ عَنِ الْإِحَاطَةِ خَلْقَهُ،

﴿٨٥﴾ وَ نَقُوْلُ: إِنَّ اللهَ اتَّخَذَ إِبْرَاهِيْمَ خَلِيْلاً، وَ كَلَّمَ مُوْسٰى تَكْلِيْماً، إِيْمَاناً وَ تَصْدِيْقاً وَ تَسْلِيْماً،

﴿٨٦﴾ وَ نُؤْمِنُ بِالْمَلَائِكَةِ وَ النَّبِيِّيْنَ، وَ الْكُتُبِ الْمُنْزَلَةِ عَلَى الْمُرْسَلِيْنَ، وَ نَشْهَدُ أَنَّهُمْ كَانُوْا عَلَى الْحَقِّ الْمُبِيْنِ،

﴿٨٧﴾ وَ نُسَمِّي أَهْلَ قِبْلَتِنَا مُسْلِمِيْنَ مُؤْمِنِيْنَ مَا دَامُوْا بِمَا جَاءَ بِهِ النَّبِيُّ عَلَيْهِ الصَّلَاةُ وَ السَّلَامُ مُعْتَرِفِيْنَ، وَ لَهُ بِكُلِّ مَا قَالَ وَ أَخْبَرَ مُصَدِّقِيْنَ غَيْرَ مُكَذِّبِيْنَ،

---

(١) و فوق العرش؛ «اللوحُ المحفوظُ» كما فِي الحديثِ المشهور: عَنْ أَبِي هُرَيْرَةَ رَضِيَ اللَّهُ عَنْهُ، قَالَ: قَالَ رَسُولُ اللَّهِ ﷺ: لَمَّا قَضَى اللَّهُ الْخَلْقَ كَتَبَ فِي كِتَابِهِ فَهُوَ عِنْدَهُ فَوْقَ الْعَرْشِ إِنَّ رَحْمَتِي غَلَبَتْ غَضَبِي.

البخارى: ٣١٩٤و٧٤٢٢و٧٥٥٤ ومسلم: ١٤-٢٧٥١ و١٦-٢٧٥١

و فى رواية للبخارى: ٧٤٠٤: فَهُوَ وَضْعٌ (مَوْضُوعٌ) عِنْدَهُ على العَرْشِ.

فحينئذ الملائكةُ المطهَّرونَ فوق العرش ايضاً، كما جاء فى القرآن: إِنَّهُ لَقُرْاٰنٌ كَرِيْمٌ ۝ فِيْ كِتٰبٍ مَّكْنُوْنٍ ۝ (اى اللوح المحفوظ) لَّا يَمَسُّهٗٓ اِلَّا الْمُطَهَّرُوْنَ ۝ اى الملائكة المطهَّرون. سورة الواقعة: ٧٧-٧٩. والله اعلم و علمه اتم.

و اما معنى العندية فى «عِنْده فَوْقَ العَرْشِ»، للتشريف والتكريم كما جاء فى القرآن العظيم، سورة التحريم، حكايةً عن قول آسية رضى الله عنها: اِذْ قَالَتْ رَبِّ ابْنِ لِيْ عِنْدَكَ بَيْتًا فِي الْجَنَّةِ ۝ و كما جاء فى الحديث الصحيح: أَنَا عِنْدَ ظَنِّ عَبْدِي بِي. صحيح البخارى: ٧٤٠٥

٨٢ وَهُوَ عَزَّ وَجَلَّ مُسْتَغْنٍ عَنِ الْعَرْشِ وَمَا دُونَهُ، (١)

(١) قال الإمام الاعظم أبوحنيفة رضي الله عنه فى كتابه «الوصية»:

نُقرّ بأنَّ اللهَ تعالى على العرش إستوى، من غير أن يكون له حاجة إليه وإستقرار عليه، وهو الحافظ للعرش وغير العرش، فلو كان محتاجاً لما قدر على إيجاد العالَـم و تـدبيره كالمخلوق، ولو كان محتاجاً إلى الجلوس والقرار، فقبل العرش أين كان اللهُ تعالى؟ فهو منزّهٌ عن ذالك علوا كبيراً. (ص٣)

و فى كتاب «الفقه الأبسط» للامام الاعظم أبى حنيفة رضي الله عنه:

لَو قيل أَيْنَ اللهُ تَعَالَى؟ فَقَالَ رضي الله عنه: يُقَال لَهُ كَانَ اللهُ تَعَالَى وَلَا مَكَان قبل ان يخلق الْخَلق، وَكَانَ اللهُ تَعَالَى وَلم يكن أَيْن وَلَا خَلق وَ لا شَيْء، وَهُوَ خَالق كُلِّ شَيْء. أ ه. (ص٢١)

وقال الامام الاعظم أبوحنيفة رضي الله عنه فى كتابه «الفقه الأبسط»:

من قَالَ لَا أعرفُ رَبِّي فِي السَّمَاء اَوْ فِي الأَرْض فقد كفر. ا ه .(ص١٤) لأنه بهذا القول يوهم أن يكون له جل جلاله مكان، فكان مُشركاً. أ ه. شرح الفقه الابسط للامام ابى الليث السمرقندى: ص٢٥. (و) لكونه قائلاً بإختصاص البارى بجهة و حيّز. ا ه. إشارات المرام من عبارات الإمام: ص١٦٨

وقال الامام عزّ الدين بن السلام رحمه الله فى شرح هذه العبارة فى كتاب «حل الرموز»: لأن هذا القول يوهم ان للحق مكاناً، و مَن توهم أن لله مكاناً فهو مُشَبِّهٌ. أ ه.

شرح الفقه الاكبر للامام على القارى الهروى: ص١١٥

و قال الامام الاعظم أبوحنيفة رضي الله عنه فى كتابه «الفقه الأبسط»:

وكَذَا مَن قَالَ إِنَّه جل جلاله على الْعَرْش وَلَا ادري الْعَرْش أَ فِي السَّمَاء اَوْ فِي الأَرْض {كفر}أ ه. (ص١٤) لإستلزامه القول بإختصاصه تعالى بالجهة و الحيّز و النقص الصريح فى شأنه. ا ه.

إشارات المرام من عبارات الإمام: ص١٦٨

و روى النبى صلى الله عليه وسلم تنزيهَ اللهِ تعالى عن الأينيّة والمكان، عَن مَلَكٍ مِن حَمَلَةِ عرشِ الرحمن: كما جآء فى حديث صحيح عن ابى هريرة رضي الله عنه قال:

قَالَ رَسُولُ اللهِ صَلَّى اللهُ عَلَيْهِ وَسَلَّمَ: أُذِنَ لِي أَنْ أُحَدِّثَ عَنْ مَلَكٍ قَدْ مَرَقَتْ رِجْلَاهُ الْأَرْضَ السَّابِعَةَ وَالْعَرْشُ عَلَى مَنْكِبِهِ وَهُوَ يَقُولُ: سُبْحَانَكَ أَيْنَ كُنْتَ؟ وَأَيْنَ تَكُونُ؟

رواه ابو يعلي في مسنده: ٤٩٦/١١ رقم ٦٦١٩

والحافظ ابن حجر في المطالب العالية: ٨٢/١٠ رقم ٣٥٣٠ و قال: صحيح

وصححه ايضاً الهيثمى في مجمع الزوائد: ٨٠/١ و ١٣٥/٨

وحسين سليم احمد فى مسند ابى يعلي: ٤٩٦/١١ رقم ٦٦١٩،

والسيوطى فى الدر المنثور: ١٦/١٣

و الآلوسى فى روح المعانى: ٢٩٩/١٢

﴿۷۴﴾

﴿۷۵﴾ وَ ما أَخْطَأَ الْعَبْدَ لَمْ يَكُنْ لِيُصِيبَهُ، وَ ما أَصابَهُ لَمْ يَكُنْ لِيُخْطِئَهُ،

﴿۷۶﴾ وَ عَلَى الْعَبْدِ أَنْ يَعْلَمَ أَنَّ اللهَ قَدْ سَبَقَ عِلْمُهُ فِي كُلِّ شَيْءٍ كَائِنٍ مِنْ خَلْقِهِ،

﴿۷۷﴾ وَ قَدَّرَ ذٰلِكَ بِمَشِيئَتِهِ تَقْدِيراً مُحْكَماً مُبْرَماً، لَيْسَ فِيهِ نَاقِضٌ وَ لَا مُعَقِّبٌ، وَ لَا مُزِيلٌ وَ لَا مُغَيِّرٌ، وَ لَا مُحَوِّلٌ، وَ لَا زَائِدٌ وَ لَا نَاقِصٌ مِنْ خَلْقِهِ فِي سَمَاوَاتِهِ وَ أَرْضِهِ،

﴿۷۸﴾ وَ لَا يَكُونُ مُكَوَّنٌ إِلَّا بِتَكْوِينِهِ، وَ التَّكْوِينُ لَا يَكُونُ إِلَّا حَسَناً جَمِيلاً،

﴿۷۹﴾ وَ ذٰلِكَ مِنْ عَقْدِ الْإِيمَانِ وَ أُصُولِ الْمَعْرِفَةِ، وَ الْإِعْتِرَافِ بِتَوْحِيدِ اللهِ وَ رُبُوبِيَّتِهِ؛ كَمَا قَالَ تَعَالَىٰ فِي كِتَابِهِ الْعَزِيزِ ﴿وَ خَلَقَ كُلَّ شَيْءٍ فَقَدَّرَهُ تَقْدِيراً﴾ وَ قَالَ تَعَالَىٰ ﴿وَ كَانَ أَمْرُ اللهِ قَدَراً مَقْدُوراً﴾

﴿۸۰﴾ فَوَيْلٌ لِمَنْ صَارَ لِلّٰهِ فِي الْقَدَرِ خَصِيماً، وَ أَحْضَرَ لِلنَّظَرِ فِيهِ قَلْباً سَقِيماً، لَقَدِ الْتَمَسَ بِوَهْمِهِ فِي مَحْضِ الْغَيْبِ سِرّاً كَتِيماً، وَ عَادَ بِمَا قَالَ فِيهِ أَفَّاكاً أَثِيماً،

﴿۸۱﴾ وَ الْعَرْشُ وَ الْكُرْسِيُّ حَقٌّ،

﴿٧٢﴾ وَ نُؤْمِنُ بِاللَّوْحِ وَ الْقَلَمِ، بِجَمِيْعِ مَافِيْهِ قَدْ رُقِمَ، [١]

﴿٧٣﴾ فَلَوِ اجْتَمَعَ الْخَلْقُ كُلُّهُمْ عَلٰى شَيْءٍ كَتَبَهُ اللّٰهُ فِيْهِ أَنَّهُ كَائِنٌ لِيَجْعَلُوهُ غَيْرَ كَائِنٍ لَمْ يَقْدِرُوا عَلَيْهِ، وَلَوِ اجْتَمَعَ الْخَلْقُ كُلُّهُمْ عَلٰى شَيْءٍ كَتَبَهُ اللّٰهُ فِيْهِ أَنَّهُ غَيْرُ كَائِنٍ لِيَجْعَلُوهُ كَائِناً لَمْ يَقْدِرُوا عَلَيْهِ،

﴿٧٤﴾ جَفَّ الْقَلَمُ بِمَا هُوَ كَائِنٌ إِلٰى يَوْمِ الْقِيَامَةِ، [٢]

---

(١) و قال الامام الاعظم أبوحنيفة رضي الله عنه فى كتابه «الوصية»:

«نُقِرُّ بأن الله تعالى أمر القلم بأن اُكتُبْ. فقال القلمُ: ما ذا اُكتُبُ يا ربِّ؟ فقال اللهُ تعالى: اُكتُبْ ما هو كائن إلى يوم القيامة». لقول الله تعالى: ﴿وَ كُلُّ شَيْءٍ فَعَلُوهُ فِي الزُّبُرِ ۝ وَ كُلُّ صَغِيرٍ وَّ كَبِيرٍ مُّسْتَطَرٌ ۝﴾. (ص٣)

(٢) قال الامام الاعظم أبوحنيفة رضي الله عنه فى كتابه «الفقه الاكبر»:

وَكَتَبُهُ فِي اللَّوْحِ الْمَحفُوظ وَلٰكِن كَتْبُهُ بِالْوَصْفِ لَا بالحكم. (ص٥)

وقال الامام البياضى رحمه الله فى شرح عبارة الامام (كَتْبُهُ بِالْوَصْفِ): أى{كتب} يفعله العبدُ بإختياره. أ ه. إشارات المرام من عبارات الامام: ص٥٦

وقال الامام على القارى الهروى رحمه الله فى شرحه على «الفقه الاكبر»:

أى كتب اللهُ فى حقِّ كُلِّ شيئٍ بأنه سَيَكُونُ كنا وكنا، ولم يكتب بأنه لِيَكُنْ كنا وكنا. (ص٤١)

قال المغنيساوى رحمه الله فى شرحه على «الفقه الاكبر»:

يعنى كتب فى اللوح المحفوظ كلَّ شيئٍ بأوصافه، مِن الحسن و القبح و الطول و العرض والصغر والكبر والقلة والكثرة والخفة والثقل والحرارة والبرودة واليبوسة والطاعة والمعصية والإرادة والقدرة والكسب و غير ذلك مِن الأوصاف و الأحوال و الأخلاق، ولم يكتب فيه بمجرّد الحكم بوقوعه بلا وصفٍ و لا سببٍ.

مثلاً لم يكتب فيه لِيَكُنْ زيدٌ مؤمناً و لِيَكُنْ عمروٌ كافراً. و لو كتب كذالك لكان زيدٌ مجبوراً على الايمان، و عمروٌ مجبوراً على الكفر، لأن ما حكم الله تعالى بوقوعه فهو يقع البتة، واللهُ تعالى لا مُعقِّبَ لحكمه، ولكن كتب فيه أن زيداً يكون مؤمناً بإختياره و قدرته و يريد الايمان ولايريد الكفر، و كتب فيه أن عمرواً يكون كافراً بإختياره و قدرته و يريد الكفر و لايريد الايمان.... (ص١٢)

﴿٦٧﴾ وَأَصْلُ الْقَدَرِ سِرُّ اللهِ فِي خَلْقِهِ، لَمْ يَطَّلِعْ عَلٰى ذٰلِكَ مَلَكٌ مُقَرَّبٌ، وَلا نَبِيٌّ مُرْسَلٌ،

﴿٦٨﴾ وَالتَّعَمُّقُ وَالنَّظَرُ فِي ذٰلِكَ ذَرِيعَةُ الْخِذْلَانِ، وَسُلَّمُ الْحِرْمَانِ، وَدَرَجَةُ الطُّغْيَانِ،

﴿٦٩﴾ فَالْحَذَرَ كُلَّ الْحَذَرِ مِنْ ذٰلِكَ نَظَرًا أَوْ فِكْرًا أَوْ وَسْوَسَةً؛ فَإِنَّ اللهَ تَعَالٰى طَوَى عِلْمَ الْقَدَرِ عَنْ أَنَامِهِ، وَنَهَاهُمْ عَنْ مَرَامِهِ، كَمَا قَالَ فِي كِتَابِهِ ﴿لَا يُسْـَٔلُ عَمَّا يَفْعَلُ وَهُمْ يُسْـَٔلُونَ ۝﴾ فَمَنْ سَأَلَ، لِمَ فَعَلَ؟ فَقَدْ رَدَّ حُكْمَ كِتَابِ اللهِ، وَمَنْ رَدَّ حُكْمَ كِتَابِ اللهِ تَعَالٰى، كَانَ مِنَ الْكَافِرِينَ،

﴿٧٠﴾ فَهٰذَا جُمْلَةُ مَا يَحْتَاجُ إِلَيْهِ مَنْ هُوَ مُنَوَّرٌ قَلْبُهُ مِنْ أَوْلِيَاءِ اللهِ تَعَالٰى، وَهِيَ دَرَجَةُ الرَّاسِخِينَ فِي الْعِلْمِ،

﴿٧١﴾ لِأَنَّ الْعِلْمَ عِلْمَانِ: عِلْمٌ فِي الْخَلْقِ مَوْجُودٌ، وَعِلْمٌ فِي الْخَلْقِ مَفْقُودٌ فَإِنْكَارُ الْعِلْمِ الْمَوْجُودِ كُفْرٌ، وَادِّعَاءُ الْعِلْمِ الْمَفْقُودِ كُفْرٌ، وَلا يَصِحُّ الْإِيمَانُ إِلَّا بِقَبُولِ الْعِلْمِ الْمَوْجُودِ، وَتَرْكِ طَلَبِ الْعِلْمِ الْمَفْقُودِ[1]

---

(١) المراد من «العِلمِ الموجود» فى العالَم والخلق؛ هو ما عُلِمَ بالدلائل الظاهرة والبراهين الباهرة، كالعلم بالصانع بما نصت عليه دلائل الوحدانية، و قِدمه و كمال علمه و حكمته، و براءته من سمات النقص و امارات الحدوث، و جميع صفات الجلال و الاكرام، و كالعلم بجميع الاوامر و النواهى كما جاء به النبى ﷺ من الشريعة و من بيان الحلال و الحرام، فهذا كله موجود فى الخلق، فيكون انكاره كفراً.

و اما «العِلمِ المفقود» فيهم، فهو العلم الذى اخفاه الله عن الخلق كعلم الغيب الذى استأثر بعلمه، و كعلم القضاء و القدر، و قيام الساعة... فإدعاء هذا العلم و طلبه كفرٌ ايضاً، لأنه دعوى المشاركة مع الله عزّ و جلّ فيما إستأثره. أ.هـ. شرح الطحاوية للبابرتى: ص٨٧ وشرح الطحاوية للغزنوى: ١٠٠

﴿٥٧﴾ وَالْمِعْرَاجُ حَقٌّ،

﴿٥٨﴾ وَقَدْ أُسْرِيَ بِالنَّبِيِّ ﷺ وَعُرِجَ بِشَخْصِهِ فِي الْيَقْظَةِ إِلَى السَّمَاءِ، ثُمَّ إِلَى حَيْثُ شَاءَ اللهُ تَعَالَى مِنَ الْعُلَى، وَأَكْرَمَهُ اللهُ تَعَالَى بِمَا شَاءَ، ﴿فَأَوْحَىٰ إِلَىٰ عَبْدِهِ مَا أَوْحَىٰ، مَا كَذَبَ الْفُؤَادُ مَا رَأَىٰ﴾ فَصَلَّى اللهُ عَلَيْهِ وَسَلَّمَ فِي الْآخِرَةِ وَالْأُولَى،

﴿٥٩﴾ وَالْحَوْضُ الَّذِي أَكْرَمَهُ اللهُ تَعَالَى بِهِ غِيَاثًا لِأُمَّتِهِ حَقٌّ،

﴿٦٠﴾ وَالشَّفَاعَةُ الَّتِي ادَّخَرَهَا اللهُ لَهُمْ كَمَا رُوِيَ فِي الْأَخْبَارِ (حَقٌّ)،

﴿٦١﴾ وَالْمِيثَاقُ الَّذِي أَخَذَهُ اللهُ تَعَالَى مِنْ آدَمَ عليه السلام وَذُرِّيَّتِهِ حَقٌّ،

﴿٦٢﴾ وَقَدْ عَلِمَ اللهُ تَعَالَى فِيمَا لَمْ يَزَلْ عَدَدَ مَنْ يَدْخُلِ الْجَنَّةَ، وَيَدْخُلِ النَّارَ جُمْلَةً وَاحِدَةً، لَا يُزَادُ فِي ذَلِكَ الْعَدَدِ وَلَا يَنْقُصُ مِنْهُ،

﴿٦٣﴾ وَكَذَلِكَ أَفْعَالَهُمْ، فِيمَا عَلِمَ مِنْهُمْ أَنَّهُمْ يَفْعَلُونَهُ،

﴿٦٤﴾ وَكُلٌّ مُيَسَّرٌ لِمَا خُلِقَ لَهُ، (١)

﴿٦٥﴾ وَالْأَعْمَالُ بِالْخَوَاتِيمِ،

﴿٦٦﴾ وَالسَّعِيدُ مَنْ سَعِدَ بِقَضَاءِ اللهِ، وَالشَّقِيُّ مَنْ شَقِيَ بِقَضَاءِ اللهِ،

---

(١) اى مُهيّأ لما خُلِقَ لأجله، و موفرٌ له أسبابه، فيصرف استطاعته و اختياره اليه، فمَن خُلِقَ لأن يظهر منه الخير والسعادة، لايصدر عنه الا ذلك بإختياره، و كذلك الشر والشقاوة. ا ه.
إشارات المرام من عبارات الامام: ص ٢٤٧

﴿٥٣﴾ وَ مَنْ لَمْ يَتَوَقَّ النَّفْيَ وَ التَّشْبِيهَ، زَلَّ، وَ لَمْ يُصِبِ التَّنْزِيهَ،

﴿٥٤﴾ فَإِنَّ رَبَّنَا جَلَّ وَ عَلَا مَوْصُوفٌ بِصِفَاتِ الْوَحْدَانِيَّةِ، مَنْعُوتٌ بِنُعُوتِ الْفَرْدَانِيَّةِ، لَيْسَ بِمَعْنَاهُ أَحَدٌ مِنَ الْبَرِيَّةِ،

﴿٥٥﴾ تَعَالَى اللّٰهُ عَنِ الْحُدُودِ وَ الْغَايَاتِ، وَ الْأَرْكَانِ وَ الْأَعْضَاءِ وَ الْأَدَوَاتِ، (١)

﴿٥٦﴾ لَا تَحْوِيهِ الْجِهَاتُ السِّتُّ (٢) كَسَائِرِ الْمُبْتَدَعَاتِ، (٣)

---

(١) «الحدود»، جمع الحد و هو نهاية الشيئ.
«الغايات» جمع الغاية وغاية الشيئ منتهاه.
«الاركان» جمع الركن، و اركان الشيئ أجزاء ماهيته، كالرأس والصدر مثلاً فى الانسان.
«الاعضاء» جمع العضو، كاليد و الرجل.
«الأدوات» جمع الأدات، و هى الأجزاء الصغيرة كاللّسان والاضراس واللّهاة، و يقال للآلات ايضاً.
و كل هؤلآء جسم والله سبحانه و تعالى منزّهٌ عن الجميع.

(٢) «الجهاتُ السّتُّ»: و هي الفوق، والتحت، واليمين، واليسار، والأمام، والخلف. و كُلُّ هؤلآء مكان، والله سبحانه منزّهٌ عن الجهة والمكان، و هو خالق الجهات والمكان.
قال الامام على القارى رحمه الله فى شرحه على «الفقه الاكبر»:
أنه سبحانه ليس فى مكان من الأمكنة و لا فى زمان من الأزمنة، لأن المكان و الزمان مِن جملة المخلوقات، و هو سبحانه كان موجوداً فى الأزل ولم يكن معه شيئ مِن المخلوقات. (ص٣٥) و{هو سبحانه} لا متمكن فى مكانٍ، لا علوٍ و لا سفلٍ و لا غيرهما، و لا يجرى عليه الزمان، كما يتوهمه المُشَبِّهَةُ والمُجَسِّمَةُ و الحُلوليّةُ. (ص٣٦)

(٣) «المُبْتَدَعاتِ»: المخلوقات. يعنى كُلّ شيئٍ من المخلوقات فهو فى جهة و له جهة، و أما اللهُ تعالى فلما كان لَيْسَ كَمِثْلِهِ شَيْءٌ فهو جلَّ شأنه موجود بلا جهة و لا ناحية. والعبارة فى المتن، يفهم منها أن الله تعالى لايكون فى جهة ولا فى جهات، فالامام الطحاوى رحمه الله يرد على كُل من القائلين بالتجسيم. و نحن إذا وصلنا الى هنا، نُحبُّ أن نذكرك بقول الامام الطحاوى رحمه الله المارّ آنفاً: ﴿٤٢﴾ وَ مَنْ وَصَفَ اللّٰهَ تَعَالَى بِمَعْنًى مِنْ مَعَانِي الْبَشَرِ فَقَدْ كَفَرَ،
والجهة والجهات من معانى البشر. نعوذ بالله من كُل كفر و ضلال و من القول بمثل هذا المقال.

وَ تَفْسِيرُهُ عَلَى مَا أَرَادَ،[١]

﴿٤٧﴾ لَا نَدْخُلُ فِي ذٰلِكَ مُتَأَوِّلِينَ بِآرَائِنَا وَلَا مُتَوَهِّمِينَ بِأَهْوَائِنَا،

﴿٤٨﴾ فَإِنَّهُ مَا سَلِمَ فِي دِينِهِ إِلَّا مَنْ سَلَّمَ لِلّٰهِ تَعَالَى وَلِرَسُولِهِ صَلَّى اللهُ عَلَيْهِ وَسَلَّمَ وَرَدَّ عِلْمَ مَا اشْتَبَهَ عَلَيْهِ إِلَى عَالِمِهِ،[٢]

﴿٤٩﴾ وَلَا يَثْبُتُ قَدَمُ الْإِسْلَامِ إِلَّا عَلَى ظَهْرِ التَّسْلِيمِ وَالْاِسْتِسْلَامِ،

﴿٥٠﴾ فَمَنْ رَامَ عِلْمَ مَا حُظِرَ عَلَيْهِ، وَلَمْ يَقْنَعْ بِالتَّسْلِيمِ فَهْمُهُ، حَجَبَهُ مَرَامُهُ عَنْ خَالِصِ التَّوْحِيدِ، وَصَافِي الْمَعْرِفَةِ، وَصَحِيحِ الْإِيمَانِ، فَيَتَذَبْذَبُ بَيْنَ الْكُفْرِ وَالْإِيمَانِ وَالتَّصْدِيقِ وَالتَّكْذِيبِ، وَالْإِقْرَارِ وَالْإِنْكَارِ، مُوَسْوَساً تَائِهاً، زَائِغاً شَاكّاً، لَا مُؤْمِناً مُصَدِّقاً، وَلَا جَاحِداً مُكَذِّباً،[٣]

﴿٥١﴾ وَلَا يَصِحُّ الْإِيمَانُ بِالرُّؤْيَةِ لِأَهْلِ دَارِ السَّلَامِ لِمَنِ اعْتَبَرَهَا مِنْهُمْ بِوَهْمٍ، أَوْ تَأَوَّلَهَا بِفَهْمٍ،

﴿٥٢﴾ إِذَا كَانَ تَأْوِيلُ الرُّؤْيَةِ وَتَأْوِيلُ كُلِّ مَعْنًى يُضَافُ إِلَى الرُّبُوبِيَّةِ تَرْكَ التَّأْوِيلِ وَلُزُومَ التَّسْلِيمِ، وَعَلَيْهِ دِينُ الْمُرْسَلِينَ وَشَرَائِعُ النَّبِيِّينَ،

---

(١) لأنّه من المتشابه وقال الله تعالى فيه: ﴿وَمَا يَعْلَمُ تَأْوِيلَهُ إِلَّا اللهُ﴾ آل عمران.

(٢) المراد من «عَالِمِهِ»، هو الله تبارک وتعالى كما نصّ عليه الامام الطحاوى:

﴿١١٢﴾ وَنَقُولُ: اللهُ أعلمُ فِيما اشْتبه عَلَينا عِلمُهُ. أ هـ. و هو كما قال الله تعالى: ﴿وَمَا يَعْلَمُ تَأْوِيلَهُ إِلَّا اللهُ﴾

(٣) لأنّه مِنَ المتشابهات وقال اللهُ تعالى فى مَن يتبعها ويبحث عنها: ﴿فَأَمَّا الَّذِينَ فِي قُلُوبِهِمْ زَيْغٌ فَيَتَّبِعُونَ مَا تَشَابَهَ مِنْهُ ابْتِغَاءَ الْفِتْنَةِ وَابْتِغَاءَ تَأْوِيلِهِ ۗ وَمَا يَعْلَمُ تَأْوِيلَهُ إِلَّا اللَّهُ ۗ وَالرَّاسِخُونَ فِي الْعِلْمِ يَقُولُونَ آمَنَّا بِهِ كُلٌّ مِنْ عِنْدِ رَبِّنَا ۗ وَمَا يَذَّكَّرُ إِلَّا أُولُو الْأَلْبَابِ﴾ آل عمران.

﴿٤٢﴾ وَمَنْ وَصَفَ اللّٰهَ تَعَالَى بِمَعْنًى مِنْ مَعَانِي الْبَشَرِ، فَقَدْ كَفَرَ،[١]

﴿٤٣﴾ فَمَنْ أَبْصَرَ هٰذَا إِعْتَبَرَ، وَعَنْ مِثْلِ قَوْلِ الْكُفَّارِ اِنْزَجَرَ، وَعَلِمَ أَنَّ اللّٰهَ تَعَالَى بِصِفَاتِهِ لَيْسَ كَالْبَشَرِ،

﴿٤٤﴾ وَالرُّؤْيَةُ حَقٌّ لِأَهْلِ الْجَنَّةِ بِغَيْرِ إِحَاطَةٍ وَلَا كَيْفِيَّةٍ كَمَا نَطَقَ بِهِ كِتَابُ رَبِّنَا حَيْثُ قَالَ ﴿وُجُوهٌ يَوْمَئِذٍ نَّاضِرَةٌ ۝ إِلَىٰ رَبِّهَا نَاظِرَةٌ ۝﴾[٢]

﴿٤٥﴾ وَتَفْسِيرُهُ عَلَى مَا أَرَادَهُ اللّٰهُ تَعَالَى وَعَلِمَهُ،

﴿٤٦﴾ وَكُلُّ مَا جَاءَ فِي ذٰلِكَ مِنَ الْحَدِيثِ الصَّحِيحِ عَنْ رَسُولِ اللّٰهِ صَلَّى اللّٰهُ عَلَيْهِ وَسَلَّمَ وَعَنْ أَصْحَابِهِ رِضْوَانُ اللّٰهِ عَلَيْهِمْ أَجْمَعِينَ فَهُوَ كَمَا قَالَ، وَمَعْنَاهُ

---

(١) «مَعَانِي الْبَشَرِ»: كالولدية و الابوّة والجسامة واللون والعرض والطول والحجم والثقل والمقدار، والصوت والحروف، والنوم والنسيان والبطن والظهر والصدر، والأعضاء كاليد والرجل والفم والقدم، والانتقال والحركة والاستقرار والجلوس والقعود على شيئٍ والتحيّز والتمكن فى شيئٍ، والتحدد فى جهة و ناحية والكون فى زمانٍ و مكانٍ...

فمن وصف الله تعالى بمعنى من هذه المعانى البشرية، فقد كفر، لأن الله تعالى قال فى وصف نفسه العلى:

لَيْسَ كَمِثْلِهِ شَيْءٌ ۖ وَهُوَ السَّمِيعُ الْبَصِيرُ ۝

(٢) قال الامام الاعظم ابوحنيفة رضي الله عنه فى كتابه «الفقه الاكبر»: وَاللّٰه تَعَالَى يُرىٰ فِي الْآخِرَة وَيرَاهُ الْمُؤْمِنُونَ وهم فِي الْجَنَّةِ بأعينِ رؤوسِهم بِلَا تشْبِيه وَلَا كَيْفيَّة و لا كميَّة، وَلَا يكون بَينَه وَبَينَ خلقِهِ مَسَافَةٌ. (ص ٧)

و قال الامام الاعظم ابوحنيفة رضي الله عنه فى كتابه الآخر «الوصية»:

وَ لِقَاءُ اللّٰهِ تَعَالَى لأهلِ الجنة بلا كيفٍ و لا تشبيهٍ و لا جهةٍ حقٌّ. (ص ٥)

وفى حاشية إشارات المرام من عبارات الامام: فإن الله تعالى نَعْلَمُهَ مِن غَيرِ مَسافةٍ و مِن غيرِ جهةٍ و مِن غيرِ مَقابلةٍ بالعلم، و كما عرفناه اليوم بلا كيفيةٍ، نراه من الجنة غداً بلا كيفية. أ. هـ. (ص ١٧١)

رَسُولُهُ الْمُرْتَضٰى،

﴿٣٣﴾ خَاتِمُ الْأَنْبِيَاءِ،

﴿٣٤﴾ وَإِمَامُ الْأَتْقِيَاءِ، وَسَيِّدُ الْمُرْسَلِينَ، وَحَبِيبُ رَبِّ الْعَالَمِينَ،

﴿٣٥﴾ وَكُلُّ دَعْوَةِ نُبُوَّةٍ بَعْدَ نُبُوَّتِهِ فَغَيٌّ وَهَوًى،

﴿٣٦﴾ وَهُوَ الْمَبْعُوثُ إِلٰى عَامَّةِ الْجِنِّ وَكَافَّةِ الْوَرٰى، الْمَبْعُوثُ بِالْحَقِّ وَالْهُدٰى،

﴿٣٧﴾ وَإِنَّ الْقُرْآنَ كَلَامُ اللهِ تَعَالٰى، مِنْهُ بَدَا بِلَا كَيْفِيَّةٍ قَوْلاً، وَأَنْزَلَهُ عَلٰى نَبِيِّهِ وَحْياً،

﴿٣٨﴾ وَصَدَّقَهُ الْمُؤْمِنُونَ عَلٰى ذٰلِكَ حَقّاً، وَأَيْقَنُوا أَنَّهُ كَلَامُ اللهِ تَعَالٰى بِالْحَقِيقَةِ، لَيْسَ بِمَخْلُوقٍ كَكَلَامِ الْبَرِيَّةِ، (١)

﴿٣٩﴾ فَمَنْ سَمِعَهُ فَزَعَمَ أَنَّهُ كَلَامُ الْبَشَرِ، فَقَدْ كَفَرَ،

﴿٤٠﴾ وَقَدْ ذَمَّهُ اللهُ تَعَالٰى وَعَابَهُ، وَأَوْعَدَهُ عَذَابَهُ، حَيْثُ قَالَ ﴿سَأُصْلِيهِ سَقَرَ ﴿٢٦﴾﴾

﴿٤١﴾ فَلَمَّا أَوْعَدَ اللهُ سَقَرَ لِمَنْ قَالَ ﴿إِنْ هٰذَآ إِلَّا قَوْلُ الْبَشَرِ ﴿٢٥﴾﴾ عَلِمْنَا أَنَّهُ قَوْلُ خَالِقِ الْبَشَرِ، وَلَا يُشْبِهُ قَوْلَ الْبَشَرِ،

---

(١) قال الامام الاعظم ابوحنيفة رضي الله عنه فى كتابه «الفقه الاكبر»:

وَ{اللهُ تَعَالَى} يتكلّم لا ككلامنا... و نحن نتكلّم بالآلات و الحروف، واللهُ تعالى يتكلّم بلا آلةٍ و لا حروفٍ، و الحروف مخلوقةٌ و كلام اللهِ تعالى غير مخلوقٍ. (ص٥)

٢٣ لَمۡ يَخۡفَ عَلَيۡهِ شَيۡءٌ مِنۡ أَفۡعَالِهِمۡ قَبۡلَ أَنۡ خَلَقَهُمۡ، وَعَلِمَ مَا هُمۡ عَامِلُونَ قَبۡلَ أَنۡ يَخۡلُقَهُمۡ،

٢٤ وَأَمَرَهُمۡ بِطَاعَتِهِ وَنَهَاهُمۡ عَنۡ مَعۡصِيَتِهِ،

٢٥ و كُلُّ شَيۡءٍ يَجۡرِي بِقُدۡرَتِهِ وَمَشِيۡئَتِهِ، وَمَشِيۡئَتُهُ تَنۡفُذُ،

٢٦ وَلا مَشِيۡئَةَ لِلۡعِبَادِ إِلاَّ مَا شَاءَ لَهُمۡ، فَمَا شَاءَ لَهُمۡ كَانَ وَمَا لَمۡ يَشَأۡ لَمۡ يَكُنۡ،(١)

٢٧ يَهۡدِيۡ مَنۡ يَشَاءُ وَيَعۡصِمُ وَيُعَافِي مَنۡ يَشَاءُ فَضۡلاً، وَيُضِلُّ مَنۡ يَشَاءُ وَيَخۡذُلُ وَيَبۡتَلِي عَدۡلاً،

٢٨ وَكُلُّهُمۡ مُتَقَلِّبُونَ فِي مَشِيۡئَتِهِ، بَيۡنَ فَضۡلِهِ وَعَدۡلِهِ،

٢٩ وَهُوَ مُتَعَالٍ عَنِ الۡأَضۡدَادِ وَالۡأَنۡدَادِ،

٣٠ لا رَادَّ لِقَضَائِهِ، وَلا مُعَقِّبَ لِحُكۡمِهِ، وَلا غَالِبَ لِأَمۡرِهِ،

٣١ آمَنَّا بِذٰلِكَ كُلِّهِ، وَأَيۡقَنَّا أَنَّ كُلاًّ مِنۡ عِنۡدِهِ،

٣٢ وَإِنَّ مُحَمَّداً صَلَّى اللهُ عَلَيۡهِ وَسَلَّمَ عَبۡدُهُ الۡمُصۡطَفَى، وَنَبِيُّهُ الۡمُجۡتَبَى، وَ

(١) كما قال الله تعالى: وَمَا تَشَآءُونَ إِلَّآ أَن يَشَآءَ ٱللَّهُ ۚ إِنَّ ٱللَّهَ كَانَ عَلِيمًا حَكِيمًا ﴿٣٠﴾ وفيه دليل على أن الآية وإن عظمت فإنها لايضطرّ الى الايمان، و مَن علم اللهُ منه إختيار الايمان، شاء له ذلک، و مَن علم منه إختيار الكفر و الاصرار عليه، شاء له ذلک. اهـ.

إشارات المرام من عبارات الامام: ص ٢٣٣

﴿١٢﴾ خَالِقٌ بِلا حَاجَةٍ، رَازِقٌ لَهُمْ بِلا مُؤْنَةٍ،

﴿١٣﴾ مُمِيتٌ بِلا مَخَافَةٍ، بَاعِثٌ بِلا مَشَقَّةٍ،

﴿١٤﴾ مَا زَالَ بِصِفَاتِهِ قَدِيماً قَبْلَ خَلْقِهِ، لَمْ يَزْدَدْ بِكَوْنِهِمْ شَيْئاً لَمْ يَكُنْ قَبْلَهُمْ مِنْ صِفَاتِهِ،

﴿١٥﴾ وَ كَمَا كَانَ بِصِفَاتِهِ أَزَلِيّاً كَذٰلِكَ لا يَزَالُ عَلَيْهَا أَبَدِيّاً،

﴿١٦﴾ لَيْسَ مُنْذُ خَلَقَ الْخَلْقَ إِسْتَفَادَ إِسْمَ «الْخَالِقِ»، وَلا بِإِحْدَاثِهِ الْبَرِيَّةَ إِسْتَفَادَ إِسْمَ «الْبَارِي»،

﴿١٧﴾ لَهُ مَعْنَى الرُّبُوبِيَّةِ وَلا مَرْبُوبٌ، وَمَعْنَى الْخَالِقِيَّةِ وَلا مَخْلُوقٌ،

﴿١٨﴾ وَ كَمَا أَنَّهُ مُحْيِيُ الْمَوْتَى بَعْدَ مَا أَحْيَاهُمْ، إِسْتَحَقَّ هٰذَا الْإِسْمَ قَبْلَ إِحْيَائِهِمْ، كَذٰلِكَ اسْتَحَقَّ اسْمَ الْخَالِقِ قَبْلَ إِنْشَائِهِمْ،

﴿١٩﴾ ذٰلِكَ بِأَنَّهُ عَلَى كُلِّ شَيْءٍ قَدِيرٌ، وَ كُلُّ شَيْءٍ إِلَيْهِ فَقِيرٌ، وَ كُلُّ أَمْرٍ عَلَيْهِ يَسِيرٌ، لا يَحْتَاجُ إِلَى شَيْءٍ، ﴿لَيْسَ كَمِثْلِهِ شَيْءٌ ۖ وَهُوَ السَّمِيعُ الْبَصِيرُ ﴿١١﴾﴾

﴿٢٠﴾ خَلَقَ الْخَلْقَ بِعِلْمِهِ،

﴿٢١﴾ وَقَدَّرَ لَهُمْ أَقْدَاراً،[١]

﴿٢٢﴾ وَضَرَبَ لَهُمْ آجَالاً،

---

(١) «والقدر»: هو تحديد الله تعالى ازلاً كُلَّ مخلوقٍ بحدّه الذى يوجد به، مِن حُسنٍ و قُبحٍ و نفعٍ و خيرٍ، و ما يحويه مِن زمانٍ و مكانٍ، و ما يترتب عليه مِن طاعةٍ و عصيانٍ و ثوابٍ و عقابٍ او غفرانٍ و نحوهُ. أ ه.

شرح العقيدة الطحاوية للميدانى: ص٨٦

﴿٣﴾ وَلَا شَيْءَ يُعْجِزُهُ،

﴿٤﴾ وَلَا إِلٰهَ غَيْرُهُ،

﴿٥﴾ قَدِيمٌ بِلَا إِبْتِدَاءٍ،[1]

﴿٦﴾ دَائِمٌ بِلَا إِنْتِهَاءٍ،

﴿٧﴾ لَا يَفْنٰى وَلَا يَبِيدُ،

﴿٨﴾ وَلَا يَكُونُ إِلَّا مَا يُرِيدُ،

﴿٩﴾ لَا تَبْلُغُهُ الْأَوْهَامُ، وَلَا تُدْرِكُهُ الْأَفْهَامُ،

﴿١٠﴾ وَلَا تُشْبِهُهُ الْأَنَامُ،

﴿١١﴾ حَيٌّ لَا يَمُوتُ، قَيُّومٌ لَا يَنَامُ،

---

(١) فإن قيل كيف صح إطلاق «اَلْقَدِيْمُ» عليه جَلَّ جَلَالُهُ ونحو ذالك مما لم يرد به الشرع، قلنا بالإجماع، وهو من الأدلة الشرعية. شرح العقائد للتفتازانى: ص٣٩ و الإقناع فى مسائل الإجماع للقطان: ٣٨/١

وفى حديثٍ رواته كلّهم ثقاتٌ، عن النبى ﷺ انّه قال: «أَعُوذُ بِاللّٰهِ الْعَظِيمِ، وَ بِوَجْهِهِ الْكَرِيمِ، وَ سُلْطَانِهِ «اَلْقَدِيْمُ» مِنَ الشَّيْطَانِ الرَّجِيمِ»: ابو داود: ٤٦٦

ولفظ «اَلْقَدِيْمُ» اخرجه ايضاً الحاكم فى المستدرک: ٤٣ والبيهقى فى الأسماء والصفات: ٣٢/١ رقم ١٠ والإعتقاد: ٥١/١ و الدعوات الكبير: ١٢٩/١ رقم ٦٨، وابن الحجر العسقلانى فى تخريج أحاديث الأسماء الحُسنى: ص١٤، و أبو نعيم الإصبهانى فى طرق حديث لله تسعة و تسعين إسماً: ١٨و ٥٢، وضياء الدين المقدسى فى المنتقى مِن مسموعات مَرو: رقم ٧٧ و ١١٥، و أبو سعيد بن الاعرابى فى معجمه: ٨٤٢/٢ رقم ١٦٩١، و أبو عبد الرحمن السلمى فى الفتوة: ص٩ و١٠ و٦١

وصرح به غير واحدٌ من السلف الصالح، كما قال الامام مالک رَحِمَهُ اللّٰهُ «يَاذَا الْمَنِّ الْقَدِيْمِ». رواه عنه اللالكائى فى كرامات الاولياء: ٢٤٨/٩ رقم ١٨٦

و نص الامام الاعظم ابوحنيفة رَضِيَ اللّٰهُ عَنْهُ فى كتابه «الفقه الاكبر»: أن القرآن كلام الله تعالى قديم. (ص٤) و رواه الامامُ الطحاوى رَحِمَهُ اللّٰهُ عنه و عن صاحبيه ابى يوسف رَحِمَهُ اللّٰهُ و محمد رَحِمَهُ اللّٰهُ ايضاً كما مرّ فى المتن.

بسم الله الرحمن الرحيم

هٰذَا مَارَوَاهُ الْإِمَامُ أَبُوْ جَعْفَرٍ الطَّحَاوِيُّ فِي ذِكْرِ بَيَانِ:

إِعْتِقَادِ أَهْلِ السُّنَّةِ وَالْجَمَاعَةِ عَلَى مَذْهَبِ فُقَهَاءِ الْمِلَّةِ أَبِي حَنِيْفَةَ النُّعْمَانِ بْنِ ثَابِتٍ الْكُوفِيِّ، وَأَبِي يُوسُفَ يَعْقُوبَ بْنِ إِبْرَاهِيْمَ الْأَنْصَارِيِّ، وَأَبِي عَبْدِ اللهِ مُحَمَّدِ بْنِ الْحَسَنِ الشَّيْبَانِيِّ رِضْوَانُ اللهِ عَلَيْهِمْ أَجْمَعِيْنَ، وَمَا يَعْتَقِدُوْنَ مِنْ «أُصُوْلِ الدِّيْنِ»[1] وَيَدِيْنُوْنَ بِهِ لِرَبِّ الْعَالَمِيْنَ.

قَالَ الْإِمَامُ وَبِهِ قَالَ الْإِمَامَانِ الْمَذْكُوْرَانِ رَحِمَهُمُ اللهُ تَعَالَى: نَقُوْلُ فِي تَوْحِيْدِ اللهِ مُعْتَقِدِيْنَ، بِتَوْفِيْقِ اللهِ تَعَالَى:

(١) إِنَّ اللهَ تَعَالَى وَاحِدٌ لَا شَرِيْكَ لَهُ،

(٢) وَلَا شَيْءَ مِثْلُهُ،

---

(١) و هذا العلم يُسمّى بعلم اصول الدين، {و علم الفقه الاكبر}، و علم التوحيد و الصفات، و علم العقائد، و علم الكلام. شرح العقيدة الطحاوية للميداني: ص٤٦

أَلْعَقِيْدَةُ الطَّحَاوِيَّةُ

هٰذَا

مَا رَوَاهُ الْإِمَامُ أَبُوْ جَعْفَرٍ الطَّحَاوِيُّ رَحِمَهُ اللهُ

فِيْ ذِكْرِ بَيَانِ

إِعْتِقَادِ أَهْلِ السُّنَّةِ وَالْجَمَاعَةِ

عَلَى مَذْهَبِ فُقَهَاءِ الْمِلَّةِ أَبِيْ حَنِيْفَةَ النُّعْمَانِ بْنِ ثَابِتٍ الْكُوفِيِّ

وَأَبِيْ يُوسُفَ يَعْقُوبَ بْنِ إِبْرَاهِيمَ الْأَنْصَارِيِّ

وَأَبِيْ عَبْدِ اللهِ مُحَمَّدِ بْنِ الْحَسَنِ الشَّيْبَانِيِّ

رِضْوَانُ اللهِ عَلَيْهِمْ أَجْمَعِيْنَ

عقیده طحاوی

در باطن، و ما نزد خداوند از آنکسی که با آنچه ذکر کردیم و بیان نمـودیم، مخالفـت دارد، بیزار هستیم.

﴿۱۵۷﴾ و از خداوند دعا می خواهیم که ما را بر آن پایدار نگهدارد، و زندگانی ما را بر آن خاتمه دهد، و ما را از خواهش های با باطل آمیخته و نظرهای پراکنده و مذاهب هلاک کننده، مانند مُشبِّهه و جهمیِّه و جبریّه و قدریّه و غیره که با مذهب «سنت و جماعت» مخالفت کرده اند، و بدعت و گمراهی را پیش گرفته اند، در پناه خود حفظ کند. ما از همهٔ آنها بیزاریم و آنها در نزد ما گمراهان و هلاک شوندگان اند.

و خداوند داناتر به صواب است. و سر انجام به سوی او بر می گردیم.

تم بحمد الله

﴿۱۵۱﴾ و دین خدا در آسمان ها و زمین یکی است، و آن دین اسلام است، چنانکه خداوند خود می فرماید: ﴿إِنَّ الدِّينَ عِندَ اللَّهِ الْإِسْلَامُ...﴾ تنها دین معتبر نزد خدا همانا اسلام است.﴾ سورهٔ آل عمران.

و می فرماید: ﴿وَمَن يَبْتَغِ غَيْرَ الْإِسْلَامِ دِينًا فَلَن يُقْبَلَ مِنْهُ﴾ هر کسی جز اسلام دین دیگری را در پیش گیرد، هرگز از او پذیرفته نخواهد شد.﴾ سورهٔ آل عمران.

و می فرماید: ﴿وَرَضِيتُ لَكُمُ الْإِسْلَامَ دِينًا...﴾ و راضی شدم بر آنکه اسلام دین شما باشد.﴾ سورهٔ مائده.

﴿۱۵۲﴾ و اسلام در وسط غُلو و تفریط است.

﴿۱۵۳﴾ و در وسط تشبیه و تعطیل است.[۱]

﴿۱۵۴﴾ و در وسط جبر و قدر است.[۲]

﴿۱۵۵﴾ و در وسط ایمنی و مایوسی است.[۳]

﴿۱۵۶﴾ پس این مجموعهٔ مذکوره؛ دین ماست و اعتقاد ماست، هم در ظاهر و هم

---

(۱) «تشبیه»: شباهت دادن صفات خدا به صفات مخلوقات را می گویند و «تعطیل»، رد صفات خدا را می گویند.

(۲) «جبر» آن است که کسی بپندارد که مخلوقات در اعمال خود مجبور محض اند، و «قدر» یعنی هر مخلوق، افعال خود را خود به وجود می آورد.

(۳) «ایمنی» یعنی بی خوف و بیم شدن از خدا و «مایوسی» نا امید شدن از رحمت خدا.

﴿۱۴۹﴾ و نه سخن آن شخصی را می پذیریم که چیزی را خلاف قرآن و سنت و «اجماع امت» ادعاء کند.[۱]

﴿۱۵۰﴾ ما اعتقاد داریم که «سواد اعظم»[۲] مسلمانان بر حق و صواب است. و عقیده داریم که جدائی از ایشان گمراهی و عذاب است.

---

(۱) «اجماع اُمت» یعنی اجماع مجتهدین اهل سنت و جماعت در مسائل عقیدوی و فقهی.

به طور مثال:

بهشت و دوزخ به اجماع اُمت همیشه باقی خواهد بود و هرگز فنا نمی گردد. سفر به خاطر زیارت مقبرهٔ رسول خدا ﷺ به اجماع امت از مستحبات است. صیغه به اجماع اُمت حرام است. سه طلاق به یک لفظ به اجماع اُمت لازم می گردد و زن را بر شوهرش حرام می گرداند. پیروی یکی از ائمهٔ چهارگانهٔ اهل سنت و جماعت؛ امام اعظم ابوحنیفه رحمه الله، امام مالک رحمه الله، امام شافعی رحمه الله و امام احمد بن حنبل رحمه الله به اجماع امت واجب است و خروج از آن حرام است. و حد اقل رکعات نماز تراویح به اجماع اُمت بیست رکعت است.

پس هر کسی خلاف این اجماع، دعوی کند و بگوید که بهشت یا دوزخ فنا می شود، یا سفر به خاطر زیارت قبر رسول خدا ﷺ حرام است، یا صیغه حلال است، یا سه طلاق به یک لفظ، یک طلاق است، یا پیروی یکی از ائمهٔ چهارگانهٔ اهل سنت و جماعت؛ امام اعظم ابوحنیفه رحمه الله، امام مالک رحمه الله، امام شافعی رحمه الله و امام احمد بن حنبل رحمه الله واجب نیست و خروج از آن جایز است، یا تراویح ۸ یا ۱۲ رکعت است، این گفتارش ادعائی «مخالف با اجماع امت» است. و لهذا ما این گفتهٔ او را چنانکه گفتار غیب گویان و پیشگویان و فالبینان را رد می کنیم، مردود می دانیم.

(۲) «سواد اعظم» یعنی اهل سنّت و جماعت که اکثریت قاطع مسلمانان اند، و مراد از آن اجماع امامان مجتهدین اهل سنت و جماعت است. یعنی ما اجماع ائمهٔ مجتهدین را بر حق و صواب می دانیم و جدائی از اجماع ایشان را گمراهی و عذاب می دانیم. رِضْوَانُ اللهِ عَلَيْهِمْ أَجْمَعِينَ.

﴿۱۴۴﴾ و علمای گذشتگان از صحابه و تابعیان، و بزرگان بعد از ایشان، اهل عُرفان و محدثان، فقهای مجتهدین و علمای اصول دین، جز به نیکی یاد نگردند. و هر کسی آنها را به بدی یاد کرد، او از «راه مسلمانان» بیرون رفته است.[1]

﴿۱۴۵﴾ ما هیچ یکی از اولیاء را بر هیچ یکی از پیغامبران برتری نمی دهیم، و می گوئیم که یک پیغمبر از جمیع اولیاء برتر است.

﴿۱۴۶﴾ و ما بر کرامات ایشان که توسط روایات ثِقات به ما رسیده، ایمان داریم.

﴿۱۴۷﴾ ما به علامات قیامت ایمان داریم. و از آن جمله است: خروج دجال، و نزول حضرت عیسی عَلَیهِ السَّلَام از آسمان، و طلوع آفتاب از سمت مغرب، و خروج «دَآبَّةُ الْأَرْضِ» از جایگاهش.

﴿۱۴۸﴾ ما سخن هیچ غیب گوئی و هیچ پیشگوئی را تصدیق نمی کنیم.

---

(۱) «راه مسلمانان»: اشاره به آیت قرآن است:

وَيَتَّبِعْ غَيْرَ سَبِيلِ الْمُؤْمِنِينَ نُوَلِّهِ مَا تَوَلَّىٰ وَنُصْلِهِ جَهَنَّمَ ۖ وَسَاءَتْ مَصِيرًا ﴿۱۱۵﴾

یعنی هر کسی که غیر «راه مسلمانان» راه دیگری را در پیش گرفت، ما او را به همان راهی که روان است وا می گذاریم و آنگاه او را {در آخرت} در دوزخ می اندازیم، و دوزخ بد جایگاهی است. سورهٔ نساء.

مراد از «راه مسلمانان» راه صحابه و تابعین و پیروان ایشان، اهل سنت و جماعت است.

حضرت عمر بن خطاب رَضِيَ اللهُ عَنهُ آنگاه برای حضرت عثمان بن عفّان رَضِيَ اللهُ عَنهُ و آنگاه برای حضرت علی بن ابی طالب رَضِيَ اللهُ عَنهُ.

و این بزرگواران، خُلفای راشدین بودند، و امامان هدایت یافته، که با حق و راستی حکومت نمودند و با حق و راستی عدالت فرمودند.

﴿۱۴۲﴾ ده بزرگانی را که رسول خدا صَلَّى اللهُ عَلَيْهِ وَسَلَّمَ نام گرفته، چنانکه رسول خدا صَلَّى اللهُ عَلَيْهِ وَسَلَّمَ به بهشتی بودن ایشان گواهی داده، ما نیز گواهی می دهیم که ایشان در بهشت اند، زیرا گفتهٔ آنحضرت صَلَّى اللهُ عَلَيْهِ وَسَلَّمَ همه حق است. و آن بزرگان اینها هستند:

- حضرت ابوبکر،
- حضرت عمر،
- حضرت عثمان،
- حضرت علی،
- حضرت طَلْحَه،
- حضرت زُبیر،
- حضرت سَعْد،
- حضرت سعید،
- حضرت عبد الرحمن بن عَوْف،
- و حضرت ابو عُبَیْدَه بن جَرّاح، که لقب وی «امین این امت» است.

رِضْوَانُ اللهُ عَلَيْهِمْ أَجْمَعِينَ.

﴿۱۴۳﴾ هر کسی که دربارهٔ یاران پیغمبر اکرم صَلَّى اللهُ عَلَيْهِ وَسَلَّمَ و ازواج پاکیزهٔ آنحضرت ﷺ و اولادهٔ گرامی ایشان ﷺ جز به نیکی سخن نگوید، او از نفاق پاک گردیده است.

﴿۱۳۵﴾ مردگان از دعای زندگان و خیرات ایشان برای آنان، نفع می برند.

﴿۱۳۶﴾ خداوند پذیرندۀ دعاهاست، و برآرندۀ حاجت ها.

﴿۱۳۷﴾ و مالک همه چیزهاست، و کسی بر او مُلک نمی راند.

﴿۱۳۸﴾ نمی توان به اندازۀ یک چشم زدن از خدا بی نیاز شد و هر کسی حتی به اندازۀ یک چشم زدن، خود را از خدا بی نیاز پنداشت، یقیناً کفر ورزیده است، و از زیان کاران گردیده است.

﴿۱۳۹﴾ خداوند خشم می گیرد و راضی می گردد، اما نه مانند احدی از مخلوقات.

﴿۱۴۰﴾ ما با یاران نبی اکرم ﷺ محبت داریم، ولی در محبت هیچ یک ایشان افراط نمی نمائیم، و از هیچ یک ایشان بیزاری نمی جوئیم و هر کسی با ایشان بغض ورزد، با او بغض می داریم، و از ایشان همیشه به نیکی یاد می نمائیم. ما محبت آن بزرگان را دین و ایمان و احسان، و بغض با ایشان را کفر و شقاوت و نفاق و طغیان می دانیم.

﴿۱۴۱﴾ ما بعد از نبی اکرم ﷺ، خلافت را نخست برای حضرت ابو بکر صدیق رَضِيَ اللّٰهُ عَنْهُ به سبب برتری و پیشی ایشان بر جمیع امت، ثابت می دانیم. آنگاه برای

﴿۱۲۹﴾ و خداوند بندگان را به چیزی بیشتر از آنچه توانش را دارند مُکلَّف نگردانیده است، و بندگان فقط توان ادای همان چیزی را دارند که خداوند ایشان را به آن مُکلَّف گردانیده است.[1] و همین حاصل معنای ﴿لَا حَوْلَ وَلَا قُوَّةَ إِلَّا بِاللهِ﴾ است. یعنی ﴿ هیچ توانائی ای نیست و هیچ قوتی نیست، مگر به خواست خدا.﴾

﴿۱۳۰﴾ و می گوئیم؛ هیچ کسی چاره‌ای نمی تواند بجوید، و هیچ کسی جنبشی نمی تواند نماید، و هیچ کسی از معصیت خدا نمی تواند خود را دور بگرداند، مگر با کمک خداوند.

و هیچ کسی توان انجامدهی فرمانی از فرامین خدا را و استقامت و پایداری بر آن را ندارد، مگر با توفیق خداوند.

﴿۱۳۱﴾ و همه چیز به خواست خدا ﷻ و علم او و قضای او و تقدیر او در حرکت است.

﴿۱۳۲﴾ خواست او ﷻ بر همهٔ خواست ها و فیصلهٔ او بر همهٔ چاره جوئی ها غالب است.

﴿۱۳۳﴾ او ﷻ هر آنچه می خواهد، می کند، و هرگز ستمکار نیست.

﴿۱۳۴﴾ و او ﷻ از هر بدی و زشتی پاک است، و از هر عیب و نقص مُنَزَّه. ﴿لَا يُسْـَٔلُ عَمَّا يَفْعَلُ وَهُمْ يُسْـَٔلُونَ﴾ خداوند پرسیده نمی شود از آنچه می کند، ولی بندگان اند که پرسیده خواهند شد.﴾ سورهٔ انبیاء.

---

(۱) خداوند بندگانش را مکلَّف به دینش نموده و دین خدا شامل عقائد و اعمال با درجات آنها مانند فرض و واجب و سنت و مستحب و اُولی؛ و حرام و حلال و مکروه تحریمی و تنزیهی و خلاف اُولی می باشد و بندگان توان ادای همهٔ اینها را دارند و طاقت ادای بیشتر از آنها را ندارند، چنانکه خداوند خود می فرماید:

لَا يُكَلِّفُ اللهُ نَفْسًا إِلَّا وُسْعَهَا ﴿۲۸۶﴾

و خداوند هیچ کسی را بیشتر از آنچه طاقت دارد، به چیزی مکلَّف نمی گرداند.

﴿۱۲۵﴾ هر کس همان عملی را انجام می دهد که برایش مقدَّر گردیـده اسـت، و هر شخص به سوی همان جایگاهی روان است که به خاطرش آفریده شده است.

﴿۱۲۶﴾ خیر و شر برای بندگان، معیَّن و مقدَّر گردیده است.

﴿۱۲۷﴾ «استطاعتی» که فعل با آن به وجود می آید و جایز نیست مخلوق را بـا آن وصف نمود، مانند توفیق به کار نیک، همزمان با فعل می باشد. و اما استطاعتی چون تندرستی و استعداد، و توانائی و سلامت اسباب، اینها قبل از فعل می باشند. و احکام شرع بر همین استطاعت تعلُّق می گیرد، چنانکه خداوند می فرماید:

﴿لَا يُكَلِّفُ اللَّهُ نَفْسًا إِلَّا وُسْعَهَا﴾ ﴿۲۸۶﴾ و خداوند هیچ کسـی را بیشـتر از مقـدار توانائی اش بر چیزی مُکلَّف نمی گرداند.﴾ سورهٔ بقره.

﴿۱۲۸﴾ اعمال بندگان، آفرینش خداوند است و کسب بندگان.[1]

با توفیق الهی و نصرت خداوندی ... خداوند هیچ کسی از بندگان خود را بر کفر یا بر ایمان مجبور نمی گرداند، و نه هیچ کسی را مؤمن یا کافر می آفریند، بلکه همهٔ ایشان را اشخاص {بدون کفر و ایمان} خلق می نماید. ایمان آوردن و کفر ورزیدن، فعل خود بندگان است. (ص۵)

(۱) مثال آن در دنیا مانند پول است.

شخصی کار می کند و پول به دست می آورد، اما آن پول ها را خودش نمی سازد، بلکه حکومت آنها را می سازد، بنابرین گرچه این پول های به دست آورده، کسب این شخص است، اما سازندهٔ آن حکومت می باشد.

به همین صورت شخص هرچه عمل می کند، اینها همه کسب انسان است، اما خالق آنها خداوند منّان است.

۱۱۶ ما بر فرشتگان کِراماً کاتبین که خداوند ایشان را موکَّلِ حفاظت ما قرار داده، ایمان داریم.

۱۱۷ ما به فرشتهٔ مرگ که موکَّل به قبض ارواح جهانیان است، ایمان داریم.

۱۱۸ و ایمان داریم به عذاب قبر، برای آنکسی که مستحق آن گردیده است.

۱۱۹ و ایمان داریم به پرسش «مُنْکِر و نَکِیْر» از مرده در قبرش، دربارهٔ خدایش و دربارهٔ دینش و دربارهٔ پیغمبرش، چنانکه در احادیث رسول پروردگارش ﷺ و اصحاب بزرگوارش رَضِيَ اللهُ عَنْهُمْ أَجْمَعِينَ آمده است.

۱۲۰ قبر، باغی است از باغ های بهشت، یا چاهیست از گودال های دوزخ.

۱۲۱ و ما به زندگی بعد از مرگ، و به کیفر اعمال در روز قیامت، و به عرض به پیشگاه الهی، و حساب زندگانی دنیائی، و خواندن نامهٔ اعمال، و ثواب و سزاء، و بر پُل «صراط» ایمان داریم.

۱۲۲ ما بر «میزان» که اعمال نیک و بد مومنان را بر آن وزن خواهند کرد، ایمان داریم.

۱۲۳ بهشت و دوزخ، هر دو خلق شده اند، و آنها هرگز فانی نمی گردند، و هرگز از بین نمی روند.

۱۲۴ و خداوند بهشت و دوزخ را آفرید، قبل از آنکه سایر مخلوقات را بیافریند، و آنگاه برای هر دو ساکنانی را خلق کرد. هر کسی را بخواهد، از فضل خود به بهشت داخل می کند، و هر کسی را بخواهد، از عدل خود به دوزخ وارد می گرداند.[۱]

---

(۱) امام اعظم رضی الله عنه در کتاب خود «الفقه الاکبر» می فرماید:

خداوند خلایق را بدون کفر و ایمان آفرید و سپس ایشان را به امر و نهی مخاطب گردانید. پس هر کسی کفر ورزید، او توسط فعل خود و انکار خود و سرکشی از حق کافر گردیده است، به خذلان الهی. و هر کسی ایمان آورد، او به فعل خود و اقرار خود و تصدیق خود ایمان آورده است، ←

﴿۱۱۲﴾ ما اهل عدل و امانت را دوست داریم، و با اهل ظلم و خیانــت بغـض مـی ورزیم.[1]

﴿۱۱۳﴾ و می گوئیم، خداوند بر آنچه که عِلمش بر ما مشتبه است داناتر است.

﴿۱۱۴﴾ ما معتقدیم که مسح بر موزه های چرمی در دوران سفر و اقامت جایز است.

﴿۱۱۵﴾ و حج و جهاد دو فریضه ای هست که به رهبری امیران مسلمان، چه نیک و چه بد ایشان، تا روز قیامت جاودان است. چیزی آنها را از بین نمی برد، و نه آنهـا را لغو می تواند.

اُمت حرام است. سه طلاق به یک لفظ به اجماع اُمت لازم می گردد و زن را بر شوهرش حـرام می گرداند. و حد اقل رکعات نماز تراویح به اجماع اُمت بیست رکعت است.

پس هر کسی خلاف این اجماع، ادعاء کند که بهشت یا دوزخ فنا می شود، یا سفر به خاطر زیارت حضرت رسول خدا صَلَّى اللهُ عَلَيْهِ وَسَلَّمَ حرام است، یا صیغه حلال است، یا سه طلاق به یک لفظ، یک طلاق است، یا تراویح ۸ یا ۱۲ رکعت است، این رأیش «نظر شاذ» و «مخالفت با سواد اعظم» مسلمانان است. و این گفتارش و ادعایش «تفرقه اندازی در بین مسلمانان» می باشد.

و چنین شخصی از اهل بدعت بوده از دایرهٔ اهل سنت و جماعت خارج و جایگاهش آتش جهنم است، بلکه در مسئلهٔ فنای بهشت و دوزخ حتی از دایرهٔ اسلام نیز خارج می باشد.

(۱) مراد از دوستی و بُغض ورزی با آنها دوست داشتن اعمال نیک ایشان و بُغض داشـتن بـا افعال بد ایشان است، نه بغض داشتن با ذات ایشان. شرح العقیدة الطحاویه از غزنوی (ص ۱۳۲)

﴿۱۰۸﴾ ما هیچ یک از آنان را {از جانب خود} بهشتی یا دوزخی نمی خوانیم، و به کفر و شرک و نفاق هیچ یک ایشان گواهی نمی دهیم، تا آنگاه که چیـزی از آن را اظهار ننماید. و امور باطن ایشان را به خداوند وا می گذاریم.

﴿۱۰۹﴾ ما ریختن خون هیچ مسلمانی از امت حضرت محمد مصطفی صَلَّى اللهُ عَلَيْهِ وَسَلَّمَ را جایز نمی دانیم، مگر آنکه شریعت آن را واجب گردانیده باشد.

﴿۱۱۰﴾ ما شورش خلاف امیران و حاکمان خویش را جایز نمی دانیم، اگرچه ستمکار باشند. و هیچ یک از ایشان را بد دعاء نمی کنیم، و دست از اطاعت ایشان نمی کشیم، و اطاعت ایشان را وجیـبه ای از جملۀ طاعت خداوند می دانیم، تا آنگاهی که به انجام گناهی امر نکنند. و برای ایشان از خداوند صلاح و بخشایش می خواهیم.

﴿۱۱۱﴾ ما از «سنت و جماعت»[1] پیروی می کنیم و از «نظرات شاذ» و «مخالفت با سواد اعظم» مسلمانان، و «تفرقه اندازی در بین ایشان»، اجتناب می نمائیم.[2]

---

(۱) «سنت»، طریقۀ رسول خدا ﷺ و خلفای راشدین بزرگوار ایشان رِضْوَانُ اللهُ عَلَيْهِمْ أَجْمَعِينَ است. و مراد از «جماعت»، جماعت صحابه و تابعین و تبع تابعین و مجتهدین سواد اعظم امت اسلام است.

(۲) «نظرات شاذ» و «مخالفت با سواد اعظم» یعنی اتخاذ نظری خلاف آرای ائمۀ مجتهدین، و مخالفت با اجماع مجتهدین امت اسلامیه در مسائل عقیدوی و فقهی.

به طور مثال:

بهشت و دوزخ به اجماع اُمت همیشه باقی خواهد بود و هرگز فنا نمی گردد. سفر به خاطر زیارت قبر حضرت رسول خدا ﷺ به اجماع امت از مستحبات دینی است. صیغه (متعه) به اجماع ←

کبیره اند، اگر موحّد از جهان بروند، و در حالی با خداوند ملاقات نمایند که مومن خدا شناس اند، برای ابد در دوزخ نخواهند ماند، اگرچه توبه نکرده باشند.

﴿۱۰۵﴾ آنان در مشیئت و حکم خداوند اند. اگر خدا خواست آنان را خواهد بخشید و از آنها درگذر خواهد فرمود، به فضل خود، چنانکه در کتـاب گرامی خود می فرماید: ﴿إِنَّ اللَّهَ لَا يَغْفِرُ أَن يُشْرَكَ بِهِۦ وَيَغْفِرُ مَا دُونَ ذَٰلِكَ لِمَن يَشَآءُ ﴿١١٦﴾ و خداوند نمی بخشد شرک آوردن به او را، و جز آن هر چه را از هر کسی که بخواهد می بخشد﴾ سورۀ نساء.

و اگر خدا خواست از عدل خود آنان را به اندازۀ گناهان شـان در دوزخ عـذاب خواهد داد، و آنگاه به رحمت خود و به شفاعتِ شفاعت کنندگان از بین طاعت گذاران خود، آنان را از دوزخ خارج خواهد کرد، و سپس آنان را به بهشت خواهد فرستاد.

﴿۱۰۶﴾ زیرا خداوند، مددگار آنانیست که وی را می شناسند و او جل جلاله ایشـان را در دو جهان، همانند مُنکران خود قرار نداده که از هدایت به شناسائی اش عـاری انـد، و از قُرب و دوستی اش خالی.

یا الهی! ای دوستدار و کارساز اسلام و اهل اسلام! ما را بر اسلام پایدار بـدار تا آنکه در حالت اسلام به دیدار تو نائل آئیم.

﴿۱۰۷﴾ ما نماز را در پُشت هر انسان نیکوکار و هر شخص نابکار از اهل قبله جـایز می دانیم،[1] و بر هر کسی از ایشان که فوت کند، نماز جنازه می خوانیم.

---

(۱) ادای نماز در پشت شخص فاسق چنانکه درج شد جایز است، اما بـه سـبب فسـق وی، مکروه می باشد، بنابرین در هنگام تعیین امام، باید کوشید تا امام نیک و پرهیزگار انتخاب گردد.

﴿۹۸﴾ و اعتقاد داریم که هرچه خداوند در قرآن نازل فرموده، و هرچه احکام شرعی و تفسیر آن از رسول اکرم ﷺ به صحت ثابت گردیده، همه حق است.

﴿۹۹﴾ و ایمان یکیست، و اهل ایمان در حقیقت آن برابر اند و برتری ایشان بر همدیگر، به سبب پرهیزگاری و مخالفت با خواهش های نفسانی و پابندی به مستحبات دینی است.[1]

﴿۱۰۰﴾ مومنان، همگان، دوستان «رحمٰن» اند، و گرامی ترین ایشان، فرمان بردار ترین و پیروترین ایشان از قرآن است.

﴿۱۰۱﴾ ایمان عبارت است از ایمان به خدا، به فرشتگان او، به کتاب های او، به فرستادگان او، به روز آخرت، به زنده شدن بعد از مرگ، و به اینکه تقدیر، چه خیر آن و چه شر آن، چه شیرینی آن و چه تلخی آن، همه از جانب خداوند است.

﴿۱۰۲﴾ ما بر همهٔ آنچه گفتیم، ایمان داریم.

﴿۱۰۳﴾ و ما در بین هیچ یک از پیغمبران، تفریق نمی نمائیم، و بر هر چه که ایشان آورده اند، همهٔ ایشان را تصدیق می نمائیم.

﴿۱۰۴﴾ و آن امتیان حضرت محمد مصطفی صَلَّى اللهُ عَلَيْهِ وَسَلَّمَ که مرتکب گناه

---

(۱) به طور مثال: حقیقت انسانیت یکیست و انسان ها در انسان بودن، همه با هم یکسان اند، و برتری ایشان بر یکدیگر به سبب علم و عقل و فهم و امثال آن است.

و مثلاً نور که حقیقت آن یکیست و همه نورها در نور بودن یکی اند، ولی تفاوت بین آنها به خاطر شدت، ضعف، رنگ و امثال آن می باشد.

﴾۹۲﴿ و هیچ کسی از اهل قبله را به سبب گناهی تکفیر نمی نمائیم، تا زمانی که آن را حلال نداند.

﴾۹۳﴿ و ما نمی گوئیم که گناهِ گناه کننده با وجود اسلامش، به او زیانی نمی رساند.

﴾۹۴﴿ و برای نیکوکاران مومنان، امید داریم که خداوند ایشان را ببخشاید و از رحمت خود داخل بهشت بگرداند، ولی از عاقبت ایشان ایمن نیستیم. و به بهشتی بودن ایشان گواهی نمی دهیم.

و برای گناهکاران مسلمان از خداوند بخشایش می طلبیم، و از عاقبت ایشان هراسان هستیم، ولی ایشان را {از رحمت خدا} مایوس نمی گردانیم.

﴾۹۵﴿ بی ترس و بیم شدن {از خدا} و همچنین مایوس شدن {از خدا} انسان را از دین بیراه می گرداند. راه راست برای مسلمانان در بین این دو قرار دارد.

﴾۹۶﴿ و انسان از دایرۀ ایمان خارج نمی شود، مگر با انکار از آنچه که او را داخل ایمان گردانیده است.

﴾۹۷﴿ ایمان، اقرار زبانیست و تصدیق قلبی.

امام میدانی رحمه‌الله در شرح العقیدة الطحاویة خود می نویسد:

زیرا خداوند این اُمت را از اتفاق نمودن بر گمراهی عصمت بخشیده است، بنابرین هر شخصی با اجماع امامان این اُمت مخالفت کند، او بی شک از گمراهان است. چنانچه خداوند خود دربارۀ عصمت اجماع این اُمت می فرماید:

وَمَن يُشَاقِقِ الرَّسُولَ مِن بَعْدِ مَا تَبَيَّنَ لَهُ الْهُدَىٰ وَيَتَّبِعْ غَيْرَ سَبِيلِ الْمُؤْمِنِينَ نُوَلِّهِ مَا تَوَلَّىٰ وَنُصْلِهِ جَهَنَّمَ ۖ وَسَاءَتْ مَصِيرًا ﴿١١٥﴾ سورۀ نساء

یعنی هر کسی که بعد از آشکار شدن حق با پیغامبر مخالفت کند و راهی جز از راه مسلمانان را پیروی نماید، ما او را به همان راهی که روان است وا می گذاریم و آنگاه او را به دوزخ می اندازیم. و دوزخ بد جایگاهی است. (ص۹۵)

﴿۸۵﴾ ما می گوئیم که خداوند حضرت ابراهیم عَلَیهِ السَّلَام را خلیل خود گردانیده است، و با حضرت موسی عَلَیهِ السَّلَام سخن گفته است، ما بر آن ایمان داریم و آن را تصدیق می کنیم و بر حقیقت آن تسلیم می باشیم.

﴿۸۶﴾ و ایمان می آوریم به فرشتگان و پیغمبران و کتاب های نازل شده بر رسولان، و گواهی می دهیم که ایشان بر حق روشن بودند.

﴿۸۷﴾ و ما اهل قبلهٔ خویش را تا زمانی که بر آنچه نبی اکرم صَلَّی اللهُ عَلَیهِ وَسَلَّم آورده اقرار دارند، و هر گفتار و اخبار او را تصدیق می کنند، و آن را تکذیب نمی نمایند، مومن و مسلمان می خوانیم.

﴿۸۸﴾ و ما دربارهٔ ذات خداوند به اندیشه نمی آغازیم، و نه دربارهٔ دین خدا به منازعه می پردازیم.

﴿۸۹﴾ ما دربارهٔ قرآن مشاجره نمی نمائیم، و گواهی می دهیم که قرآن، کلام خداوند جهانیان است که حضرت جبرئیل عَلَیهِ السَّلَام آن را فرو آورد و به سرور پیغمبران حضرت محمد صَلَّی اللهُ عَلَیهِ وَعَلَی آلِهِ وَصَحْبِهِ أَجْمَعِینَ فرا آموخت.

﴿۹۰﴾ و هیچ چیزی از کلام مخلوقات، مساوی کلام خداوندی نیست. و همچنین ما نمی گوئیم که قرآن آفریده شده است.

﴿۹۱﴾ ما با «سواد اعظم»[1] مسلمانان مخالفت نمی کنیم.

---

(۱) «سواد اعظم» یعنی اهل سنت و جماعت که اکثریت قاطع مسلمانان است، و مراد از مخالفت نکردن با «سواد اعظم»، مخالفت نکردن با اجماع امامان مجتهد ایشان است. ←

﴿۸۳﴾ و الله ﷻ بر همه چیز و بر آنچه بر فَوق عرش است،[1] محیط هست.

﴿۸۴﴾ او ﷻ مخلوقات خود را از احاطهٔ ذات خود عاجز ساخته است.

---

(۱) مراد از «آنچه که در فَوق عرش است»، «لوح محفوظ» می باشد، چنانکه در حدیثی مشهور که در اکثر کتب حدیث موجود است، از رسول خدا ﷺ روایت است که فرمودند:

لَمَّا قَضَى اللهُ الخَلْقَ كَتَبَ فِي كِتَابِهِ فَهُوَ عِنْدَهُ فَوْقَ العَرْشِ إِنَّ رَحْمَتِي غَلَبَتْ غَضَبِي.

رواه البخاری: ٣١٩٤ و٧٤٢٢ و٧٥٥٤ و مسلم: ١٤ (٢٧٥١) و١٦ (٢٧٥١) و فی روایةٍ للبخاری، رقم ٧٤٠٤: فَهُوَ وَضْعٌ (مَوْضُوْعٌ) عِنْدَهُ عَلَى الْعَرْشِ.

ترجمه: پیش از آفرینش کائنات، چون خداوند مقدَّر فرمود تا خلق را بیافریند، در کتابی که نزدش در فوق عرش قرار دارد نوشت: «بی شک رحمت من بر خشم من غالب است».

بخاری شریف: حدیث ۳۱۹۴ و مسلم شریف: حدیث ۱۴ - ۲۷۵۱

همچنین در سورهٔ واقعه، قرآن عظیم دربارهٔ لوح محفوظ می فرماید:

إِنَّهُۥ لَقُرْءَانٌ كَرِيمٌ ﴿٧٧﴾ فِى كِتَٰبٍ مَّكْنُونٍ ﴿٧٨﴾ (اللوح المحفوظ) لَّا يَمَسُّهُۥٓ إِلَّا ٱلْمُطَهَّرُونَ ﴿٧٩﴾

یعنی این قرآن در لوح محفوظ نوشته است، و لوح محفوظ را جز «ملایکهٔ مطهَّرون» کسی دست نمی زند.

از اینجا این نکته نیز دانسته می شود که «ملایکهٔ مطهَّرون» نیز بر فوق عرش می باشند و الله اعلم.

لفظ «عنده = نزدش» در این جا به خاطر نمایاندن بزرگی و عظمت لوح محفوظ نزد خدا استعمال شده است، چنانچه خداوند در سورهٔ تحریم دربارهٔ دعای حضرت آسیه می فرماید:

إِذْ قَالَتْ رَبِّ ٱبْنِ لِى عِندَكَ بَيْتًا فِى ٱلْجَنَّةِ ﴿١١﴾ یعنی ای خداوندا برای من «نزدت» در بهشت خانه ای بساز.

و رسول الله ﷺ نیز در حدیث قُدسی فرموده اند: الله ﷻ می فرماید: أَنَا عِنْدَ ظَنِّ عَبْدِي بِي. یعنی من «نزد» گمان بنده ام با من می باشم. بخاری شریف: حدیث ۷۴۰۵

زیرا این شخص توسط این گفتارش اشاره دارد به آنکه خداوند در جائی و مکانی قرار دارد، و هر کسی می پندارد که خداوند در جائی و مکانی است، او از پیروان فرقۀ مُشبِّهه می باشد. ا. هـ

شرح الفقه الاکبر از علی قاری هروی: ص۱۱۵

امام اعظم رضی‌الله‌عنه در مقام دیگری از کتاب خود «الفقه الابسط» می فرماید:

به همین ترتیب اگر کسی بگوید که خدا بر عرش است و من نمی دانم که عرش در آسمان است یا در زمین، {او نیز کفر ورزیده است}. (ص۱۴)

امام کمال الدین بیاضی رحمه‌الله در شرح این عبارت امام می نویسد:

زیرا این سخن مستلزم قائل بودن گوینده اش به این عقیده است که خدا در جهتی و در مکانی قرار دارد و این عقیده، نقص و عیب صریح به شأن خداوندی است {و این کفر است}.

اشارات المرام من عبارات الامام: ص۱۶۸

و در حدیث صحیح، وارد است که رسول الله صلی‌الله‌علیه‌وسلم از یکی از فرشتگان حاملان عرش، پاکیزگی خدای متعال را از آنکه او جل‌جلاله در جائی باشد یا در مکانی قرار داشته باشد روایت می کند. از حضرت ابو هریره رضی‌الله‌عنه روایت است که رسول خدا صلی‌الله‌علیه‌وسلم فرمودند:

مرا اذن دادند تا از فرشته ای برایتان روایت کنم که پاهایش در زمین هفتم، و عرش بر شانه اش قرار دارد، و او گویاست که: یا الهی، بیشک تو پاکیزه ای از اینکه بگویند کجائی و در کجا می باشی.

عَنْ أَبِي هُرَيْرَةَ قَالَ: قَالَ رَسُولُ اللهِ صلی‌الله‌علیه‌وسلم: أُذِنَ لِي أَنْ أُحَدِّثَ عَنْ مَلَكٍ قَدْ مَرَقَتْ رِجْلَاهُ الْأَرْضَ السَّابِعَةَ، وَالْعَرْشُ عَلَى مَنْكِبِهِ، وَهُوَ يَقُولُ: سُبْحَانَكَ أَيْنَ كُنْتَ؟ وَأَيْنَ تَكُونُ؟

مسند ابی یعلی: ۱۱/۴۹۶ حدیث ۶۶۱۹

و المطالب العالیه: ۱۰/ ۸۲ حدیث ۳۵۳۰

حافظ ابن حجر عسقلانی رحمه‌الله آنگاه می نویسد: این حدیث صحیح است.

همچنین علامه هیثمی رحمه‌الله در مجمع الزوائد: ۱/۸۰ و ۸/۱۳۵ و علامه سیوطی رحمه‌الله در الدر المنثور: ۱۳/۱۶ و علامه آلوسی رحمه‌الله در روح المعانی: ۱۲/۲۹۹ و حسین سلیم احمد در مسند ابی یعلی: ۱۱/۴۹۶ حدیث ۶۶۱۹ بر صحت این حدیث را تصریح کرده اند.

﴿۸۱﴾ عرش و کرسی حق است.

﴿۸۲﴾ و او جل جلاله از عرش و هرچه ماتحتش است، بی نیاز هست.[1]

---

(۱) امام اعظم رحمه الله در کتاب «الوصیة» خود می فرماید:

ما اقرار داریم که الله جل جلاله بر عرش استواء نموده، بدون آنکه به عرش نیازی داشته باشد و بدون آنکه بر عرش نشسته یا استقرار داشته باشد و همان او جل جلاله نگهدار عرش و نگهدار غیر عرش است. زیرا اگر محتاج و نیازمند می بود، همانند مخلوقات قادر به پیدا‌سازی کاینات و تدبیر امور آن نمی بود، و اگر نیاز به نشستن و قرار گرفتن می داشت، پس قبل از پیدایش عرش در کجا قرار داشت؟ او جل جلاله بسیار برتر و پاکتر از عرش و نشستن و قرار گرفتن بر عرش است. (ص۳)

در کتاب «الفقه الابسط» امام اعظم رحمه الله وارد است:

اگر کسی پرسید که خدا کجاست، {جوابش چیست؟} امام اعظم رحمه الله فرمود:

به او گفته خواهد شد که خداوند از ازل موجود بود و قبل از آنکه جهان را بیافریند، «جا» وجود نداشت، الله جل جلاله موجود بود و «کجا» وجود نداشت بلکه هیچ چیزی وجود نداشت، زیرا او جل جلاله {جا و جایگاه را} و همهٔ اشیاء را آفریده است {لذا او جل جلاله پاکیزه از جا و جایگاه است}. (ص۲۱)

امام اعظم رحمه الله در مقام دیگری در کتاب خود «الفقه الابسط» می فرماید:

هر کسی گفت؛ من نمی دانم که آیا خدایم در آسمان است یا در زمین، او کفر ورزیده است. (ص۱۴)

امام ابو اللّیث سمرقندی رحمه الله در شرح این عبارت می فرماید:

زیرا این گفتهٔ آن شخص ایهام دارد به آنکه خداوند در جائی و مکانی قرار دارد و لذا آن شخص مشرک می باشد. شرح الفقه الابسط: ص۲۵

امام کمال الدین بیاضی رحمه الله در شرح این عبارت امام می گوید:

{وی به آن سبب کفر ورزیده} زیرا با این گفتار خود ابراز می دارد که خداوند در سمت و جهتی یا مکانی قرار دارد. {و این اعتقاد کفر است}.

اشارات المرام من عبارات الامام: ص۱۶۸

امام عزّ الدین بن السلام رحمه الله در کتاب «حل الرموز» در شرح این عبارت امام می نویسد:←

﴿۷۵﴾ آنچه که به بنده نرسید، هرگز به او نمی رسید، و آنچه که به او رسید، هرگز از او خطا نمی رفت.

﴿۷۶﴾ بر بنده واجب است تا بداند که علم خداوندی در هر شی هستی بر آفرینش آن پیشی داشت.

﴿۷۷﴾ و سپس الله جلاله به خواست و ارادهٔ خود برای آنهـا طـرح و انـدازهٔ دقیـق و محکم و قطعی مُعیَّن کرد، تعیـینی که هیچ کسی از میان مخلوقاتش در آسمان ها و در زمینش، نه می تواند آن را نقض کند، نه به تاخیر بیندازد، نه از میان بردارد، و نه تغییرش بدهد، یا از حالی به حال دیگری تبدیلش بگرداند؛ و نه کسی قادر است بـر آن چیزی بیفزاید، و نه چیزی از آن بکاهد.

﴿۷۸﴾ و هیچ چیزی هستی نمی یابد مگر آنکه خداوند جلاله آن را هسـت نمایـد و این هستی بخشیدنش، نیک و زیـبا هست.

﴿۷۹﴾ این اعتقاد از اساس ایمان است، و از اصول عُرفان، و اعتراف به یگانگی الله رحمان، و اقرار به پروردگاری خدای عالَمیان، چنانکه خودش در کتاب گرامـی اش می فرماید: ﴿وَخَلَقَ كُلَّ شَيْءٍ فَقَدَّرَهُ تَقْدِيرًا ۝﴾ و خداوند همهٔ موجودات را خلق نمود، و حد و اندازهٔ هر چیز را مُعیَّن فرمود.﴾ سورهٔ فرقان.

و همچنین می فرماید: ﴿وَكَانَ أَمْرُ اللَّهِ قَدَرًا مَّقْدُورًا ۝﴾ و هست کار خدا حکمی نافذ و حتمی با اندازهٔ دقیق.﴾ سورهٔ احزاب.

﴿۸۰﴾ پس، وای بر آن کَس، که در قضا و قدر با خدا دشمنی جُست، و برای تفکُّر درباره اش، قلب بیماری را با خود پیش آورد، و با وهم و گمان، رازی پنهان در عـالَم نهان را جویا شد، و نتیجتاً دربارهٔ آنچه که سخن گفته، در حـالی برگشـته کـه دروغ گوئی بُزُرگ و گناهگاری سُتُرگ است.

﴿۳۷﴾

﴿۷۴﴾ «قلم» خشک شده و آنچه که تا روز قیامت، بود و هست و خواهد بود، همه نوشته شد.[1]

---

(۱) امام اعظم رضی الله عنه در کتاب «الفقه الاکبر» خود می فرماید:

و این نوشتهٔ وصفی است، نه حکمی. (ص۵)

امام کمال الدین بیاضی رحمه الله در شرح این عبارت امام می گوید:

بنده {اگر عملی را انجام می دهد} آن را به اختیار خود انجام می دهد.

اشارات المرام: ص۵۶

و علامه علی القاری هِرَوی رحمه الله در شرح «الفقه الاکبر» می نویسد:

یعنی خداوند دربارهٔ هر چیز نوشته است که این سان و آن سان خواهد شد، و ننوشته است که چنین و چنان باید شود. (ص۴۱)

امام مغنیساوی رحمه الله این عبارت امام را به تفصیل بیشتر شرح داده می گوید:

الله جل جلاله همهٔ اشیاء را در لوح محفوظ به اوصاف آنها نوشته است. مثلاً خداوند زیبائی و زشتی، طول و عرض، بزرگی و خردی، گرانی و سبکی، گرمی و سردی و خشکی، اطاعت و نافرمانی، اراده و قدرت و کسب، و سایر اوصاف و احوال و اخلاق هر کس را نوشته است. آنها را بدون وصف و بدون سبب فقط به طور حکم فرمودن ننوشته است.

به طور مثال، خداوند در لوح محفوظ ننوشته است که خالد باید مؤمن باشد و حامد باید کافر باشد، زیرا اگر خداوند چنین می نوشت، خالد بر ایمان آوردن مجبور می بود و حامد بر کفر ورزیدن مجبور می بود، زیرا آنچه خداوند به وقوعش حکم می کند حتماً واقع می شود، زیرا هیچ کسی حکم خداوند را تغییر داده نمی تواند.

لیکن خداوند در لوح محفوظ نوشته است که خالد به اختیار خود و قدرت خود ایمان را خواهد خواست و کفر را نخواهد خواست و مؤمن خواهد بود و در آن نوشته است که حامد به اختیار خود و قدرت خود کفر را خواهد خواست و از ایمان دوری خواهد جُست و کافر خواهد بود.

شرح الفقه الاکبر از مغنیساوی: ص۱۲

است، و ادعای داشتن علم مفقود کفر است.[1] و ایمان درست نخواهد بود، مگر با پذیرفتن علمی که موجود است و ترک گفتن علمی که مفقود است.

﴿۷۲﴾ ما به «لوح محفوظ» و آنچه در آن نوشته است، و همچنین بر «قلم» ایمان داریم.[2]

﴿۷۳﴾ و ایمان داریم که اگر تمامی مخلوقات جمع شوند تا آنچه را که خداوند در لوح نوشته که به وجود خواهد آمد، ناموجود بگردانند، قادر به اینکار نخواهند بود. و همچنین اگر همگی مخلوقات جمع شوند تا آنچه راکه خداوند در لوح نوشته که به وجود نخواهد آمد، موجود بگردانند، هرگز توان آن را نخواهند داشت.

---

(۱) «علم موجود در دسترس مخلوقات»: مثلاً علم به وجود صانع ﷻ و وحدانیت او و ازلی بودنش و کمال علم و حکمتش و تنزیهش از صفات نقص، و پاکیزگی اش از اوصاف حدوث با دلائل و براهین قاطع؛ و مانند علم به اوامر و نواهی و حلال و حرام و غیرهٔ دینی که پیغامبران می آورند. همهٔ این علم در دسترس خلق موجود است و انکار از آن کفر می باشد.

و «علم مفقود از دسترس مخلوقات»: علمی است که مختص به ذات والا صفات خداوندی است. مانند علم غیب، علم قضاء و قدر، علم قیام قیامت و امثال آن ... که ادعای داشتن آن و جستجو و طلبیدن آن کفر است.

شرح العقیدة الطحاویه از غزنوی: ص۸۷ و شرح العقیدة الطحاویه از بابرتی: ص۱۰۰

(۲) امام اعظم رضی الله عنه در رسالهٔ خود «الوصیّة» می فرماید:

ما معتقدیم که «خداوند به قلم حکم نمود؛ بنویس! قلم گفت: پروردگارا چه بنویسم؟ خداوند فرمود: بنویس، آنچه را که تا روز قیامت به وجود خواهد آمد». زیرا خداوند می فرماید: وَكُلُّ شَيْءٍ فَعَلُوهُ فِي الزُّبُرِ ۝ وَكُلُّ صَغِيرٍ وَكَبِيرٍ مُسْتَطَرٌ ۝ (ص۳)

﴿۶۵﴾ مدار فیصلهٔ اعمال، آخرین عمل انسان است.[۱]

﴿۶۶﴾ «سعید» کسی است که به قضای خداوندی سعادت یافته و «شقی» کسی است که به قضای الهی شقاوت یافته.[۲]

﴿۶۷﴾ و «تقدیر» آن سرّ خداوندیست در خلقتش که هیچ فرشتهٔ مقرّب و هیچ پیغمبر مُرسل نیز بر آن آگاه نیست.

﴿۶۸﴾ و کنجکاوی و فکر پردازی در آن، سبب محرومی انسان، بی نصیبی از درستی ایمان، و سرکشی در پیشگاه «رَحمان» است.

﴿۶۹﴾ پس خبردار! و هوشدار! از آنکه در آن تعمُّق کنی، یا در آن اندیشه برانی، و یا خود را مبتلای وسواس گردانی، زیرا خداوند «علم تقدیر» را از خلقش پوشانیده و آنان را از جستجویش منع گردانیده، چنانکه در کتاب مقدّسش می فرماید: ﴿لَا يُسْـَٔلُ عَمَّا يَفْعَلُ وَهُمْ يُسْـَٔلُونَ ﴿٢٣﴾ و خداوند پرسیده نمی شود از آنچه می کند، ولی بندگان اند که پرسیده خواهند شد﴾ سوره انبیاء.

پس هر کسی پُرسان کرد که خدا چرا چُنان کرد، او حکم کتاب خدا را رد کرده، و هر کسی حکم کتاب خدا را رد کرد، او از کافران است.

﴿۷۰﴾ اینها خلاصهٔ آن عقائدیست که هر یک از دوستان خدا با قلب روشن به نور الهی به دانستن آن نیازمند است. و این مقام پختگان در دانش است.

﴿۷۱﴾ زیرا علم دو گونه است: یکی علمی که در دسترس مخلوقات، موجود است. و دوم علمی که از دسترس مخلوقات مفقود است. پس انکار از علم موجود، کفر

---

(۱) یعنی اگر انسان با ایمان از جهان رفت، همهٔ اعمال قبلی اش قبول می گردد، و اگر در حالت کفر از دنیا رفت، همهٔ اعمال قبلی اش باطل است.

(۲) سعید کسی را می گویند که مومن است لذا در آخرت نجات می یابد، و شقی کسی را می گویند که کافر است لذا در آخرت ناکام می گردد.

و درود و سلام خداوند، هم در دنیا و هم در آخرت بر او باد.

۵۹ حوضی که خداوند به خاطر اعزاز پیغمبرش برای سیرابی اُمتش به وی عطـاء نموده، حق است.

۶۰ و شفاعتی که خداوند به خاطر ایشان {برای پیغمبر خود} در آخرت اندوخته، حق است.

۶۱ عهدی که خداوند از حضرت آدم علیه‌السلام و اولاده اش گرفته بود، حق است.

۶۲ خداوند شمار دقیق کسانی را که به بهشت خواهند رفت و شمار دقیق آنانی را که به دوزخ داخل خواهند گشت، از ازل می دانست، نه بر آن تعداد، چیزی افزوده خواهد شد، و نه از آن تعداد، چیزی کم خواهد گردید.

۶۳ و همچنین او جل‌جلاله اعمال ایشان را از ازل می دانست که ایشان چه افعـالی را انجام خواهند داد.

۶۴ و هر کس، انجام آن عمل برایش آسان گردانیده می شود که به خـاطرش آفریده شده است.[۱]

---

(۱) پس هر کسی که آفریده شده است تا خیر و سعادت از وی هویدا شود، از وی بـه اختیـار خودش فقط خیر و سعادت صادر می شود.

و هر کسی که آفریده شده است تا از وی شر و شقاوت به ظهور برسد، از وی بـه اختیـار خودش فقط شر و شقاوت پدیدار می گردد.

اشارات المرام مِن عبارات الامام: ص ۲۴۸

گرفته است.[۱]

﴿۵۷﴾ معراج حق است.

﴿۵۸﴾ و پیغمر اکرم ﷺ را در حالت جسمانی، و در بیداری، به آسمان و سپس تا هر جائی برتر از آن که خداوند خواست بردند. و خداوند چنانکه خواست، او را اکرام فرمود: ﴿فَأَوْحَىٰٓ إِلَىٰ عَبْدِهِۦ مَآ أَوْحَىٰ ۝١٠ مَا كَذَبَ ٱلْفُؤَادُ مَا رَأَىٰٓ ۝١١ و خدا بر بندهٔ خود وحی نمود آنچه را که بر او وحی کردنی بود، و قلب پیغمبر در آنچه که پیغمبر دیده بود، او را تکذیب ننمود.﴾ سورهٔ نجم.

---

(۱) یعنی هر مخلوقی که الله ﷻ آفریده است دارای جهتی می باشد و در سمتی از شش جهت قرار دارد، اما خداوند متعال ﴿لَيْسَ كَمِثْلِهِۦ شَىْءٌ ۝١١ هیچ چیزی مشابه او نیست.﴾ لذا جهتی و سمتی ندارد، بنابرین او ﷻ نه در جهت بالا قرار دارد و نه در سمت پائین می باشد و نه در جانب چپ و راست است، زیرا او ﷻ خالق همه جهات است و برتر و پاکیزه از صفات مخلوقات و مشابهت با آنها می باشد.

امام طحاوی رحمه الله توسط این تصریح خود، عقیدهٔ دو فرقهٔ باطل مُجسّمه و مُشبّهه را رد می کند که اعتقاد دارند خداوند نعوذ بالله در سمت بالای سر در جهت فوق قرار دارد. در اینجا تصریح امام طحاوی رحمه الله را دوباره به یاد باید آورد که:

﴿۳۴﴾ هر کسی خداوند را با صفتی از اوصاف انسانی وصف کند، بی شک او کفر ورزیده است. ا هـ

و چون در بالای سر بودن و در جهت فوق قرار داشتن از اوصاف جسمانی و انسانی است، بنابرین اعتقاد بر آن کفر و ضلال است.

و کسی که بر آن اعتقاد دارد، او نه از اهل سنت و جماعت بلکه از فرقهٔ گمراه مُجسّمه و مُشبّهه است که اوصاف جسمانی و انسانی را به خدا نسبت می دهند.

﴿۵۴﴾ زیرا پروردگار بزرگ و پاک ما موصوف به صفات یگانگیست و متّصف به اوصاف بی همتائی. هیچ کسی از مخلوقاتش مانند و مشابه او نیست.

﴿۵۵﴾ پاکیزه است خدا از آنکه حدودی یا غایاتی، یا ارکانی یا اعضائی و یا ادواتی داشته باشد.(۱)

﴿۵۶﴾ و «شش جهت»(۲) او ﷻ را فرا نمی گیرد، چنانکه مخلوقات را از هر سو فرا

---

(۱) «حدود» جمع حد: مرز و کنارهٔ پایانی چیزی را می گویند.

«غایات» جمع غایت: مُنتهای چیزی.

«ارکان» جمع رکن: ارکان یک شی، اجزای ماهیت آن شی را می گویند، مانند سر و سینه و گردن در انسان.

«اعضاء» جمع عضو: مانند دست و پا و غیره.

«ادوات» جمع ادات: اجزای کوچک بدن مانند زبان و دندان و لب و غیره را می گویند و همچنین آلات و افزار را.

و همهٔ اینها جسم اند، و خداوند ﷻ منزّه از جسم و همهٔ صفات جسمانی است.

(۲) «شش جهت»: یعنی فوق، تحت، راست، چپ، پیش و پشت.

علامه علی القاری هِرَوی رحمه الله در شرح خود بر «الفقه الاکبر» می نویسد:

خداوند سبحانه و تعالی نه در هیچ مکانی قرار دارد و نه در هیچ زمانی، زیرا زمان و مکان مخلوق اویند، و او ﷻ از ازل موجود بود در حالی که هیچ مخلوقی همراهش نبود. (ص۳۵)

و در جای دیگری از شرح خود می نویسد:

و او ﷻ در هیچ جا و مکانی قرار ندارد، نه در بالا و نه در پائین و نه در هیچ جای دیگری، و نی زمان او را فرا می گیرد، اینگونه اعتقاد از خیالات باطل فرقهٔ مُشبِّهه، مُجسِّمه و حُلولیّه است. (ص۳۶)

﴿۴۹﴾ قدم مسلمانی کسی در اسلام استوار نیست، مگر آنکه تسلیم به حکم خدا و مُطیع به فرمان او باشد.

﴿۵۰﴾ پس هر کس، علمی را بجوید که جستـنش بر وی منع گردیده، ولی بازهم فکر و فهمش قناعت ننماید، این جستجوی آرزویش، او را از توحید خالص و عُرفان پاکیزه و ایمان بی شائبه محروم می گرداند و این شخص در بین کفر و ایمان، تصدیق و تکذیب، و اقرار و انکار، وسواسی و سرگردان، بیراهه و در شک و اوهام افتاده، متذبذب و متردد در حالی روان است که نه مومنیست تصدیق کننده و نه مُنکریست تکذیب آرنده.[1]

﴿۵۱﴾ ایمان آنکس که «**دیدار خداوندی برای اهل بهشت**» را تصوُّری خیالی می داند و یا گونه‌ای از فهم و ادراک می پندارد، صحیح نیست.

﴿۵۲﴾ زیرا معنی دیدار خداوندی و در حقیقت معنی هر صفتی از صفات الهی، ترک گفتن هر معنی دِهیست، و محکم گرفتن تسلیم به حکم خداوندیست.

دین رسولان و شریعت های پیغمبران بر همین اساس استوار است.

﴿۵۳﴾ هر کسی از انکار صفات الهی و یا از شباهت دهی {آنها به صـفات انسـانی} خود را محفوظ نداشت، وی به بیراهه رفته است و از تنزیهِ حقیقی الهی محروم گردیده است.

---

(۱) زیرا چنانکه گفته شد همهٔ آنها از متشابهات است و خداوند ﷻ دربارهٔ کسانی که در مـورد متشابهات به بحث و غوص می پردازند فرموده است: ﴿فَأَمَّا الَّذِينَ فِي قُلُوبِهِمْ زَيْغٌ فَيَتَّبِعُونَ مَا تَشَابَهَ مِنْهُ ابْتِغَاءَ الْفِتْنَةِ وَابْتِغَاءَ تَأْوِيلِهِ ۗ وَمَا يَعْلَمُ تَأْوِيلَهُ إِلَّا اللَّهُ﴾ سورهٔ آل عمران

یعنی آنانی که در دل های ایشان میل به باطل وجود دارد، برای طلب فتنه جوئی و برای طلب مراد آن {تا مردم را گمراه نمایند} از متشابهات پیروی می کنند، در حالی که مراد آن را کسی جز خدا نمی داند.

﴿٤٥﴾ و معنایش همان است که خداوند اراده فرموده است و در علم اوست.

﴿٤٦﴾ و هرچه احادیث صحیح که از رسول گرامی ﷺ و از اصحاب وی رِضْوَانُ اللهُ عَلَيْهِمْ أَجْمَعِيْنَ در این باره آمده، همه همچنان است که آنحضرت ﷺ فرموده است و معنی اش و تفسیرش همان است که الله جَلَّ جَلَالُهُ اراده نموده است.[1]

﴿٤٧﴾ ما آن را موافق نظرات خود معنائی نمی پوشانیم، و نه مطابق خواسته های خود، در آن خیال پردازی می نمائیم.[2]

﴿٤٨﴾ زیرا هیچ کسی در دین خود به سلامت نخواهد ماند، مگر آنکه خود را سراسر تسلیم خداوند و پیغمبرش کند، و علم آنچه را که بر او مُشْتَبه است، به «عالِمش»[3] واگذار نماید.

---

(۱) زیرا دیدار خداوندی و همچنین سایر صفات الهی از قبیل «ید» و «وجه» و «استواء» و غیره ... همه از متشابهات است، و خداوند متعال دربارهٔ متشابهات می فرماید:

وَمَا يَعْلَمُ تَأْوِيلَهُ إِلَّا اللَّهُ

مراد آن را جز خدا هیچ کسی نمی داند.

(۲) ما خداوند متعال را می شناسیم و به او علم داریم، بدون آنکه مسافتی یا جهتی یا مواجهتی در میان باشد، پس همانگونه که ما در این دنیا او را بدون کیفیت می شناسیم، فردای آخرت نیز بدون کیفیت به دیدار او نائل خواهیم آمد.

حاشیهٔ اشارات المرام من عبارات الامام: ص ۱۷۱

(۳) مراد از واگذاری «علم متشابهات به عالِمش» واگذاری آنها به خداوند متعال است، چنانکه امام طحاوی رَحِمَهُ اللهُ در عبارت ۱۱۳ بر آن تصریح نموده است:

﴿١١٣﴾ وَنَقُوْلُ: اَللهُ أَعْلَمُ فِيْمَا اشْتَبَهَ عَلَيْنَا عِلْمُهُ، و می گوئیم خداوند بر آنچه که علمش بر ما مشتبه است داناتر است. ا‌هـ.

زیرا چنانکه خداوند خود می فرماید: وَمَا يَعْلَمُ تَأْوِيلَهُ إِلَّا اللَّهُ

مراد آن را جز خدا هیچ کسی نمی داند.

کفر ورزیده است.[۱]

﴿۴۳﴾ پس هر کسی که این حقیقت را دانست، عبرت می گیرد و از هر سخنی چون گفتار کفار، خود را دور نگه می دارد، و یقین می آورد که خداوند در صفاتش مانند انسان ها نیست.

﴿۴۴﴾ و دیدار خداوندی بدون احاطه و بغیر کیفیت، برای اهل بهشت حق است، چنانکه کتاب پرودگار ما بیان می دارد: ﴿وُجُوهٌ يَوْمَئِذٍ نَّاضِرَةٌ ﴿٢٢﴾ إِلَىٰ رَبِّهَا نَاظِرَةٌ ﴿٢٣﴾ چهره های در آن روز شاداب است و به سوی پرودگار خود می نگرند﴾ سورهٔ قیامه.[۱]

---

(۱) «اوصاف انسانی»: مثلاً از کسی به دنیا آمدن یا کسی را به دنیا آوردن، یا شکل و صورتی یا قد و قامتی، یا جسد و اعضائی یا سر و دست و پائی داشتن، یا در جائی جا داشتن یا در مکانی نشستن، یا در بالا و پائین یا در راست و چپ بودن، یا خسته شدن و استراحت کردن، یا فراموش کردن و غیره ... پس هر کسی خداوند را با صفتی از اوصاف انسانی وصف کند، بی شک او کفر ورزیده است، زیرا خداوند دربارهٔ خود می فرماید:

لَيْسَ كَمِثْلِهِ شَيْءٌ ﴿١١﴾ هیچ کسی و هیچ چیزی همانند او نیست.

(۲) امام اعظم رحمه الله در کتاب «الفقهُ الاکبر» خود می نویسد:

خداوند متعال در آخرت دیدار خواهد شد و مؤمنان در بهشت با چشمان سر خویش، خداوند را بدون هیچ تشبیهی و بدون کیفیتی و بدون کمیّتی در حالی که بین او و بین بندگانش هیچ مسافتی {چون دوری و نزدیکی و حائل و رو در روئی} وجود ندارد، دیدار خوهند کرد (ص۷)

و امام اعظم رحمه الله در کتاب دیگر خود «الوصیّة» می فرماید:

دیدار الهی بدون چگونگی و بدون تشبیه و بدون سمت و جهت برای اهل بهشت حق است. (ص۵)

﴿۳۷﴾ ایمان داریم بر آنکه قرآن کلام خداوند است. از او بدون چگونگی گفتار پدیدار آمد، و او آن را بر پیغمبرش به صورت وحی نازل گردانید.[1]

﴿۳۸﴾ و مومنان پیغمبر را بر آن تصدیق نمودند، و یقین کردند که قرآن حقیقتاً کلام خداوند است. کلام خدا به مانند کلام سایر مخلوقات، مخلوق نیست.

﴿۳۹﴾ پس هر کسی آن را بشنود، و آنگاه بپندارد که قرآن کلام انسان است، وی یقیناً کفر ورزیده است.

﴿۴۰﴾ و خداوند وی را محکوم نموده و تقبیح کرده و به عذاب خود وعده فرموده است، چنانکه می فرماید: ﴿سَأُصْلِيهِ سَقَرَ ﴿۲۶﴾ به زودی او را به دوزخ خواهم افگند.﴾ سورهٔ مدثّر.

﴿۴۱﴾ و هنگامی که خداوند کسی را که می گوید ﴿إِنْ هَٰذَآ إِلَّا قَوْلُ ٱلْبَشَرِ ﴿۲۵﴾ نیست این قرآن، مگر کلام انسانی﴾ به دوزخ وعده داده، دانستیم که قرآن، کلام آفریدگار انسان است و شباهتی به کلام انسان ها ندارد.

﴿۴۲﴾ هر کسی که خداوند را با صفتی از اوصاف انسانی وصف کند، بی شک وی

---

(۱) امام اعظم رضی الله عنه در کتاب «الفقهُ الاکبر» خود می نویسد:

خداوند کلام می کند (سخن می گوید) لیکن نه مانند کلام گفتن ما، زیرا ما توسط آلات و حروف کلام می نمائیم، و خداوند متعال بدون آلات و حروف، زیرا حروف همه مخلوق است و کلام الله جل جلاله مخلوق نیست.

(الفقه الاکبر: ص۵)

۳۱ ما بر همهٔ آنچه گفتیم، ایمان داریم، و یقین داریم که هر چیز از جانب خداست.

۳۲ ایمان داریم به اینکه حضرت محمد ﷺ بندهٔ برگزیده و پیغمبر پسندیده و آن فرستادهٔ خداست که خدا از وی خوشنود است.

۳۳ و ایمان داریم به اینکه آنحضرت ﷺ خاتم پیغمبران است.[1]

۳۴ و پیشوای پرهیزگاران و سرور رسولان و حبیب پروردگار عالَمیان است.

۳۵ هر ادعای پیغمبری بعد از پیغمبری آنحضرت ﷺ گمراهی و هواپرستی است.

۳۶ و ایمان داریم به اینکه آنحضرت ﷺ به سوی همهٔ جن ها[2] و جملهٔ انسان ها با حق و هدایت فرستاده شده است.

---

(۱) قرآن مجید در سورهٔ احزاب دربارهٔ رسول اکرم ﷺ می فرماید: مَا كَانَ مُحَمَّدٌ أَبَا أَحَدٍ مِّن رِّجَالِكُمْ وَلَٰكِن رَّسُولَ اللَّهِ وَخَاتَمَ النَّبِيِّينَ ۗ وَكَانَ اللَّهُ بِكُلِّ شَيْءٍ عَلِيمًا ﴿٤٠﴾

یعنی آنحضرت ﷺ فرستادهٔ خدا و خاتم پیغمبران است.

بنابرین هر کسی بعد از رسول اکرم ﷺ دعوای پیغمبری کند، کافر است. و به همین جهت قادیانی ها و بهائی ها که ادعاء دارند میرزا غلام احمد قادیانی یا بهاء پیغمبر است، به اجماع اُمت کافر می باشند.

(۲) جن مخلوقی است که از شعلهٔ آتش بی دود آفریده شده و از چشم انسان ها پنهان می باشد، چنانکه در قرآن در سورهٔ رحمان وارد است: وَخَلَقَ الْجَانَّ مِن مَّارِجٍ مِّن نَّارٍ ﴿١٥﴾

﴿۲۲﴾ و مقدار زندگانی آنان را مشخَّص فرمود.

﴿۲۳﴾ هیچ کار ایشان پیش از آنکه آنها را بیافریند بر او پوشیده نبود، و او پیش از آفریدن آنها بر هر چه آنها خواهند کرد دانا بود.

﴿۲۴﴾ او ﷻ آنان را بر طاعت خود فرمان داد و از نافرمانی خود نهی نمود.

﴿۲۵﴾ هر چیزی بر طبق «قدرت» و «خواست و اراده» او در حرکت است. و «خواست و اراده» اوست که نافذ می باشد.

﴿۲۶﴾ و بندگان، خواستی ندارند مگر آنچه او ﷻ برای شان بخواهد و هر آنچه او ﷻ برای شان بخواهد، همان خواهد شد، و آنچه او ﷻ برای شان نخواهد، هرگز نخواهد شد.[1]

﴿۲۷﴾ هر کسی را بخواهد هدایت می دهد و از گناهان دور نگه می دارد و حفظ می فرماید، از فضل خود. و هر کسی را بخواهد، گمراه می گرداند و گرفتار گناه ها و مبتلای بلاها می سازد، از عدل خود.

﴿۲۸﴾ و همگان بر وفق «خواست و اراده» او بین فضلش و عدلش در حرکت اند.

﴿۲۹﴾ او ﷻ برتر و پاک است از آنکه ضد یا مشابهی داشته باشد.

﴿۳۰﴾ هیچ کسی را توان نیست که قضایش را رد کند، یا فیصله اش را تغییر دهد، یا بر فرمانش غالب آید.

---

(۱) چنانچه خداوند می فرماید: وَمَا تَشَآءُونَ إِلَّآ أَن يَشَآءَ ٱللَّهُ و نمی خواهید مگر آنکه خدا بخواهد. این آیت شریف دلالت دارد که انسان در مورد کفر و ایمان مجبور نیست، زیرا هر کسی که خداوند از ازل می دانست که او به خواستهٔ خود ایمان را اختیار خواهد کرد، الله ﷻ ایمان را برایش اراده فرمود. و هر کسی که خداوند از ازل می دانست که او به خواستهٔ خود کفر را اختیار خواهد کرد و برآن اصرار خواهد نمود، الله ﷻ آن را برایش اراده فرمود.

اشارات المرام من عبارات الامام: ص ۲۳۳

﴿۱۶﴾ نه از آن هنگام که مخلوقات را آفرید، اسم «خالق» {آفریدگار} را یافت، و نه از آن هنگام که جهانیان را از عدم به وجود آورد، اسم «باری» {به وجود آورنده} را یافت.

﴿۱۷﴾ او متّصف به صفت «پرودگاری» بود، در حالی که هنوز هیچ «پرورده ای» وجود نداشت، و موصوف به صفت «آفریدگاری» بود، در حالی که هنوز هیچ «آفریده ای» وجود نداشت.

﴿۱۸﴾ چنانکه او سزاوار اسم «مُحیِی الْمَوتی» {زنده کنندهٔ مردگان} بعد از زنده ساختن ایشان است، همچنان سزاوار این اسم، قبل از زنده گردانیدن آنان هست. به همین گونه سزاوار اسم «آفریدگار» پیش از آفریدن ایشان می باشد.

﴿۱۹﴾ زیرا بر هر چیزی، او توانمند است، و هر چیزی به او نیازمند است، و هر کاری بر او آسان است، و او به هیچ چیزی نیازی ندارد، ﴿لَيْسَ كَمِثْلِهِ شَيْءٌ وَهُوَ السَّمِيعُ الْبَصِيرُ ۝١١ هیچ چیزی مانند او نیست، و او شنوای بیناست.﴾ سورهٔ شوری.

﴿۲۰﴾ همه را بر حسب علم خود آفرید.

﴿۲۱﴾ و تقدیر آنها را مُعیَّن نمود.[۱]

---

(۱) تقدیر عبارت است از علم الهی. یعنی حق تعالی ﷻ از ازل قبل از آفریدن خلائق، مقرَّر فرمود که فلان شی در فلان زمان به وجود خواهد آمد و تا فلان هنگام زنده یا باقی خواهد بود و فلان و فلان تأثیرات را خوهد داشت. این تعیین اندازه و حد را «تقدیر» می گویند و آنگاه آنچه امور که مطابق این تقدیر صادر می گردد، آن را «قضاء» می نامند.

تقدیر را با مثال ذیل آسان تر می توان درک کرد:

مهندس جهت تعمیرِ ساختمان، نخست نقشهٔ آن را طرح می کند و آنگاه مطابق آن نقشه، ساختمان را تعمیر می نماید. فرق این است که احتمال اشتباه در طرح مهندس می رود و ساختمان را نیز می توان خلاف طرح تعمیر کرد، لیکن شایبهٔ اشتباه در علم الهی هرگز امکان ندارد.

ملفوظات فقیه الامت، محمود الحسن گنگوهی رحمه الله : ج ۱ قسط ۳ ص ۲۸

۶ همیشه ای است بلا انتهاء.

۷ هرگز فانی نمی شود و هرگز از بین نمی رود.

۸ جز آنچه او بخواهد، هرگز چیزی به وجود نمی آید.

۹ وهم و خیال به او نمی رسد، و فهم و اندیشه، او را در نمی یابد.

۱۰ و هیچ مخلوقی به هیچ صورتی به او نمی ماند.

۱۱ زنده ایست که هرگز نمی میرد، و همیشه پاینده ایست که هرگز نمی خوابد.

۱۲ او آفریدگاریست بی نیاز و حاجت، و روزی رسانیست بی رنج و مشقت.

۱۳ او میراننده ایست بدون هیچ ترسی و زنده کننده ایست بدون هیچ رنجی.

۱۴ پیش از آفریدن مخلوقات، از ازل با صفاتش موجود بود و بعد از آفریدن مخلوقات، صفت دیگری بر صفاتش افزوده نشد.

۱۵ چنانچه با صفاتش ازلی است، همچنان با صفاتش ابدی هست.

و در طرق حدیث لله تسعة و تسعین إسماً از ابو نعیم إصبهانی: ۱۸ و ۵۲

و در المنتقی مِن مسموعات مَرو از ضیاء الدین مقدسی: ص ۶۲ حدیث ۷۷ و ۱۱۵

و در معجم ابو سعید بن الاعرابی: ۸۴۲/۲ حدیث ۱۶۹۱

و در الفتوة از ابو عبد الرحمن السلمی: ص ۹ و ۱۰ و ۶۱

همچنین اطلاق این لفظ از بزرگان سلف صالحین ثابت است، چنانکه امام اعظم ابو حنیفه رضی الله عنه در کتاب «الفقه الاکبر» خود (ص۴) برآن تصریح نموده و امام طحاوی رحمه الله نیز اطلاق آن را از فقهای سه گانهٔ این اُمت، امام اعظم ابو حنیفه، قاضی القضات امام ابو یوسف و امام محمد شیبانی رضی الله عنهم در متن این کتاب روایت نموده است.

لالکائی نیز در کتاب کرامات الاولیاء: ۲۴۸/۹ حدیث ۱۸۶ روایت می کند که امام مالک رحمه الله در دعا می فرمود: يَا ذَا الْمَنِّ الْقَدِيْم.

و امام ابو جعفر طبری رحمه الله نیز در تفسیر خود: ۲۶/۱ و همچنین در تاریخ خود: ۲۸/۱ بر لفظ «قدیم» تصریح می کند.

بر اساس آن، عبادت پرودگار جهانیان را استوار گردانیده اند.

«امام اعظم ابو حنیفه» رَضِيَ اللهُ عَنهُ و بر وفق ایشان، دو امام بزرگوار مذکور رَحِمَهُمَا اللهُ تَعَالَىٰ می فرمایند: ما در حالی که به یگانگی خداوند اعتقاد داریم و به توفیق او جل جلاله امیدواریم، می گوئیم که:

۱. خداوند یکتاست، هیچ شریکی ندارد.

۲. هیچ چیزی مانند او نیست.

۳. و هیچ چیزی نیست که او را از آنچه بخواهد، عاجز بگرداند.

۴. و هیچ خدائی جز او نیست.

۵. قدیم است بلا ابتداء.[1]

---

(۱) اطلاق لفظ «قدیم» و مانند آن دربارهٔ ذات و صفات خداوند از اجماع اُمت ثابت است، و اجماع اُمت از ادلّهٔ شرعی می باشد.

شرح العقائد از علامه تفتازانی: ص ۳۹ و الإقناع فی مسائل الإجماع از قطان: ۳۸/۱

و اطلاق لفظ «قدیم» در مورد خداوند جل جلاله توسط حدیث صحیح نیز ثابت است. چنانچه امام ابو داود رحمه الله در سنن خود: حدیث ۴۶۶ روایت می کند که رسول الله صلی الله علیه وسلم در دعای خویش می فرمودند: أَعُوذُ بِاللهِ الْعَظِيمِ، وَبِوَجْهِهِ الْكَرِيمِ، وَسُلْطَانِهِ «الْقَدِيمِ»، مِنَ الشَّيْطَانِ الرَّجِيمِ.

و لفظ «قدیم» در فهرست اسامی حُسنی نیز در کتب مختلف حدیث شریف وارد شده است، به طور مثال:

در مستدرک حاکم: حدیث ۴۳ و در اسماء و صفات بیهقی: ۳۲/۱ حدیث ۱۰

و اعتقاد بیهقی: ۵۱/۱ و الدعوات الکبیر بیهقی: ۱۲۹/۱ حدیث ۶۸

و در تخریج أحادیث الأسماء الحُسنی از ابن حجر عسقلانی: ص ۱۴ ←

بسم الله الرحمن الرحیم

این مجموعه ایست که امام ابو جعفر طحاوی رَحِمَهُ اللهُ دربارهٔ روشن ساختن عقائد «اهل سنت و جماعت»[۱] بر طبق مذهب فُقهای این اُمت، «امام اعظم ابو حنیفه» نعمان بن ثابت کوفی، و «امام ابو یوسف» یعقوب بن ابراهیم انصاری، و «امام ابو عبد الله محمد بن حسن شیبانی» رِضۡوَانُ اللهِ عَلَيۡهِمۡ اَجۡمَعِيۡنَ از ایشان روایت کرده است. این مجموعه شامل آن «عقائدی»[۲] است که ایشان بر آن باور دارند و

---

(۱) «اهل سنت و جماعت» یا «سواد اعظم اسلام»، اکثریت قاطع مسلمانان در طول تاریخ ۱۴۰۰ سالهٔ اسلام را می گویند. مسلمانان قرن اول و دوم اسلام، این لقب را به خاطر شناسائی خود از گروه های باطل جدا شده از سواد اعظم اسلام، مانند خوارج و روافض و معتزله و غیره ... برای خود انتخاب کردند.

و این لقب از رسول الله صَلَّى اللهُ عَلَيۡهِ وَسَلَّمَ مروی است. تفسیر الدر المنثور سیوطی: ۲۹۱/۲ و تفسیر ابن کثیر: ۹۲/۲ تحت آیهٔ يَوۡمَ تَبۡيَضُّ وُجُوهٞ وَتَسۡوَدُّ وُجُوهٞۚ... ﴿١٠٦﴾

«اهل» یعنی پیروان، «سنت» طریقهٔ دینی رسول الله صَلَّى اللهُ عَلَيۡهِ وَسَلَّمَ و خلفای راشدین بزرگوارش حضرت ابو بکر، حضرت عمر، حضرت عثمان و حضرت علی رَضِيَ اللهُ عَنۡهُمۡ اَجۡمَعِيۡنَ را می گویند. و مراد از «جماعت»، جماعت صحابه و تابعین و اتباع تابعین و ائمهٔ مجتهدین است.

(۲) آن شعبهٔ علوم دینی که مبحثش عقائد است، مسمّی به علم عقائد، {علم فقه اکبر}، علم اصول دین، علم توحید و صفات، و علم کلام می باشد. شرح العقیدة الطحاویه از میدانی: ص ۴۶

أَلْعَقِيْدَةُ الطَّحَاوِيَّةُ

هٰذَا

مَارَوَاهُ الإِمَامُ أَبُوْ جَعْفَرٍ الطَّحَاوِيُّ رَحِمَهُ اللهُ

فِي ذِكْرِ بَيَانِ

إِعْتِقَادِ أَهْلِ السُّنَّةِ وَالْجَمَاعَةِ

عَلَى مَذْهَبِ فُقَهَاءِ الْمِلَّةِ أَبِي حَنِيْفَةَ النُّعْمَانِ بْنِ ثَابِتٍ الْكُوفِيِّ

وَأَبِي يُوسُفَ يَعْقُوبَ بْنِ إِبْرَاهِيمَ الأَنْصَارِيِّ

وَأَبِي عَبْدِ اللهِ مُحَمَّدِ بْنِ الْحَسَنِ الشَّيْبَانِيِّ

رِضْوَانُ اللهِ عَلَيْهِمْ أَجْمَعِينَ

عقیدۀ طحاوی

اعتقاد اهل سنّت و جماعت بر وفق مذهب فُقهای این اُمت، حضرت امام اعظم ابو حنیفه
و امام ابو یوسف، و امام محمد بن حسن شیبانی رحمهم الله

روایت

حضرت امام ابو جعفر طحاوی حنفی رحمه الله متوفی ۳۲۱ هجری قمری

با تصدیق این ترجمه از جانب

شیخ الحدیث دار العلوم دیوبند و مفتی اعظم هند حضرت مولانا سعید احمد پالنپوری مدظله العالی

ترجمه

مفتی محمد ابراهیم تیموری

یابند. از خداوند متعال امید است که این کوشش ناچیز را مصداقِ:

قبول است گرچه هنر نیستت　　　که جز ما پناهی دیگر نیستت

قرار دهد و به فضل و مرحمت خود این کتاب را مقبول عام و خاص مسلمانان بگرداند. حقا که ما را هنری نیست و جز او ﷻ پناه دیگری نی.

در آخر یاد آوری این نکته لازم است که بهتر خواهد بود این کتاب تحت نظر یکی از علمای معتبر به صورت تدریسی خوانده شود زیرا درک بعضی از مضامین کتاب و شرح اصطلاحات و تاریخ و عقائد برخی از فرقه های گمراه مذکوره در آن نیاز به اطلاع و بیان دارد.

محمد ابراهیم تیموری

ذو الحجه ۱۴۳۳هجری قمری مطابق عقرب ۱۳۹۱هجری شمسی موافق اکتوبر ۲۰۱۲ عیسوی

يُوسُفَ يَعْقُوبَ بْنِ إِبْرَاهِيمَ الأَنْصَارِيِّ وَ أَبِي عَبْدِ اللهِ مُحَمَّدِ بْنِ الْحَسَنِ الشَّيْبَانِيِّ رِضْوَانُ اللهِ عَلَيْهِمْ أَجْمَعِيْنَ معروف به «أَلْعَقِيدَةُ الطَّحَاوِيَّة». (عقائد)

کتاب إِعْتِقَادِ أَهْلِ السُّنَّةِ وَ الْجَمَاعَةِ عَلَى مَذْهَبِ فُقَهَاءِ الْمِلَّةِ أَبِي حَنِيْفَةَ النُّعْمَانِ بْنِ ثَابِتٍ الْكُوفِيِّ وَ أَبِي يُوسُفَ يَعْقُوبَ بْنِ إِبْرَاهِيمَ الأَنْصَارِيِّ وَ أَبِي عَبْدِ اللهِ مُحَمَّدِ بْنِ الْحَسَنِ الشَّيْبَانِيِّ رِضْوَانُ اللهِ عَلَيْهِمْ أَجْمَعِيْنَ که معروف به «أَلْعَقِيدَةُ الطَّحَاوِيَّة» یا به زبان دری مشهور به «عقیدهٔ طحاوی» است، گرچه از لحاظ حجم کوچک می باشد، اما تمامی آن عقائد مهمی که بر یک مسلمان، دانستنش حتمی و لازم است، در این کتاب کوچک به صورت واضح و با الفاظ فصیح گنجانیده شده است.

این کتاب شامل عقائدیست که از مآخذ اصلیّهٔ اسلام یعنی قرآن مجید و احادیث متواتره و مشهوره و اجماع امت مستنبط گردیده است و همهٔ صحابهٔ کرام و تابعین عظام و ائمهٔ اربعهٔ مذاهب چهارگانهٔ اهل سنت و جماعت و جملگی پیروان ایشان برآن عقائد اتفاق دارند، و تنها فرقه های گمراه و اهل بدعت و ضلال مانند شیعه، معتزله، مُجسِّمه و مُشبِّهه با عقائد مذکوره در آن خلاف کرده اند.

ترجمهٔ فارسی متن «عقیدهٔ طحاوی» با این امید به چاپ سپرده می شود تا کسانی که آن را می خوانند، عقائد متواتر و متوارث اهل سنت و جماعت را توسط آن آموخته و دانسته عقائد خویش را مطابق آن گردانیده، به این گونه اعتقادات خویش را از اوهام و تلبیسات و تزویرات فرقه های گمراه و اهل بدعت، دور و مصون نگهداشته فلاح و سعادت دارَیْن را

- المختصر الصغير. (فقه)
- اختلاف الفقهاء. (فقه)
- اختلاف العلماء. (فقه)
- شرح جامع الصغير لمحمد بن الحسن الشيبانی رحمه الله. (فقه)
- الوصايا. (فقه)
- الفرائض. (فقه)
- النوادر الفقهيّه. (فقه)
- حكم اراضی مكه. (فقه)
- قسمة الفیء و الغنائم: (فقه)
- اختلاف الروايات علی مذهب الكوفيين. (فقه)
- شرح الجامع الكبير لمحمد بن الحسن الشيبانی رحمه الله. (فقه)
- كتاب الاشربة (فقه)
- الجزء فی الرزية (فقه)
- الشروط الصغير. (فقه)
- الشروط الاوسط. (فقه)
- الشروط الكبير. (فقه)
- كتاب الخطابات. (فقه)
- احكام القرآن. (تفسير)
- تفسير القرآن. (تفسير)
- نوادر القرآن. (تفسير)
- التاريخ الكبير. (تاريخ)
- عقود المرجان فی مناقب ابی حنيفة النعمان. (زندگینامهٔ امام اعظم ابو حنيفه رحمه الله)
- النوادر و الحكايات. (تاريخ)
- إعْتِقَادِ أَهْلِ السُّنَّةِ وَ الْجَمَاعَةِ عَلَى مَذْهَبِ فُقَهَاءِ الْمِلَّةِ أَبِي حَنِيْفَةَ النُّعْمَانِ بْنِ ثَابِتٍ الْكُوفِيِّ وَ أَبِي

حضرت شاه عبد العزیز دهلوی رحمه الله و مولانا عبد الحی لَکْنَوی رحمه الله و علامه زاهد کوثری رحمه الله او را از طبقهٔ ثانی مجتهدین همانند قاضی القضات امام ابو یوسف رحمه الله و امام محمد بن حسن شیبانی رحمه الله می دانند.

امام طحاوی رحمه الله نه تنها در فقه حنفی بلکه در سایر مذاهب فقهی نیز چنانکه امام زاهد کوثری رحمه الله از علامه ابن عبد البر مالکی رحمه الله نقل نموده، مهارت تمام داشت و کتاب «**اختلاف الفقهاء**» امام طحاوی شاهد عادل بر این گفته است. امام طحاوی رحمه الله چنانکه ذکر شد نه تنها یکی از حُفاظ برجستهٔ حدیث بود، بلکه در علوم حدیث چنان دارای مقام عظیمی است که نظرات وی در تمامی فنون مختلف حدیث جایگاه شامخ دارد و علوم حدیث را بدون ذکر اقوال و آراء او نمی توان پیدا کرد. کتاب «**مشکل الآثار**» و کتاب «**شرح معانی الآثار**» وی، شاهد این گفتار است.

برخی از کتب امام طحاوی رحمه الله :

- کتابٌ فی النحل و احکامها و اجناسها و صفاتها و ما رُوِی فیها من خبر. (عقائد)
- شرح معانی الآثار. (حدیث)
- مشکل الآثار. (حدیث)
- التسویة بین حدثنا و اخبرنا. (حدیث)
- المشکاة. (حدیث)
- صحیح الآثار. (حدیث)
- نقض کتاب المدلّسین للکرابیسی. (حدیث)
- الرد علی ابی عبیدة فی کتاب النسب. (حدیث)
- کتاب تفسیر متشابه الاخبار. (حدیث)
- المختصر الکبیر فی الفقه. (فقه)

زمانی که امام ترمذی رحمه‌الله وفات کرد، امام طحاوی ۵۰ ساله بود، و سرانجام هنگامی که امام نسائی رحمه‌الله درگذشت، امام طحاوی ۷۴ ساله بود، و امام طحاوی رحمه‌الله از بسیاری از مشایخ این بزرگان، حدیث روایت نموده است».

امام طحاوی رحمه‌الله در خاندانی چشم به جهان گشود که هم از لحاظ دنیوی اشراف بودند و هم از لحاظ دینی مقام بلندی داشتند. خاندان امام طحاوی رحمه‌الله شافعی مذهب بود. مادر امام طحاوی از علمای بزرگ شافعیه به شمار می رود، و مامای امام طحاوی، امام مُزَنی رحمه‌الله مشهورترین شاگرد امام شافعی رحمه‌الله می باشد که از بزرگترین علمای شافعیه محسوب می گردد.

امام طحاوی رحمه‌الله بعد از طی مراحل ابتدائی، مراحل ثانوی تعلیم خود را نزد مامای بزرگوار خود امام مُزَنی رحمه‌الله انجام داد، اما به زودی به جانب مذهب امام اعظم ابو حنیفه رحمه‌الله کشش پیدا کرد و این کشش از آنجا افزونتر می شد که امام طحاوی مشاهده می کرد که هنگامی که مسائل مغلق و پیچیدهٔ فقهی پیش می آمد، مامایش امام مُزَنی رحمه‌الله به کتاب های امام ابو یوسف رحمه‌الله و امام محمد بن حسن شیبانی رحمه‌الله دو شاگرد امام اعظم رحمه‌الله که مذهب امام اعظم را تحریر نمودند، مراجعه می نمود. این کشش باعث شد تا امام طحاوی به مطالعهٔ کتب احناف بپردازد و مطالعاتش او را گرویدهٔ مذهب امام اعظم ابو حنیفه رحمه‌الله گردانید و سر انجام وی به طور کامل مذهب حنفی را اختیار نمود.

امام طحاوی رحمه‌الله در فقه دارای چنان مقام شامخی است که امروزه نه تنها یکی از بزرگترین فقهاء بلکه از جملهٔ مجتهدین اسلام به شمار می رود. علامه علی قاری هِرَوی رحمه‌الله و علامه ابن عابدین شامی رحمه‌الله امام طحاوی را همانند امامانی چون ابو الحسن کرخی رحمه‌الله، شمس الائمهٔ سرخسی رحمه‌الله، فخر الاسلام بَزْدوی رحمه‌الله، فخر الدین قاضی خان رحمه‌الله و امثال ایشان از طبقهٔ ثالث مجتهدین قرار داده اند.

اهل سنت و جماعت آن را به حیث عقائد قبول نموده و بر آن راضی می باشند».

معید النعم و مبید النقم: ص ۶۲

«عقیدۀ طحاوی» یکی از مآخذ اصلی مسلک اعتقادی ماتریدی احناف می باشد، زیرا امام طحاوی رحمه‌الله به طور کلّی مضامین آن را از بنیان گذار این مسلک، حضرت سِرَاجُ الْأُمَّةِ وَإِمَامُ الْأَئِمَّة امام اعظم ابو حنیفه نعمان بن ثابت رحمه‌الله روایت نموده است.

امام ابو جعفر طحاوی رحمه‌الله در قریۀ طحا در کشور مصر در سال ۲۳۹ هـ. ق به دنیا آمده و در سال ۳۲۱ هـ. ق در همانجا در گذشت. امام طحاوی رحمه‌الله نه تنها یکی از حُفّاظ برجستۀ حدیث بلکه یکی از بزرگترین امامان فنون فقه و حدیث است. او در عصری زندگی می کرد که علوم فقه و حدیث به پایۀ عروج رسیده بود. از یکسو شاگردان هر چهار مذهب فقهی اهل سنت و جماعت خصوصاً احناف در سراسر جهان، سلسلۀ تعلیم و تدریس علوم فقهی را گسترده بودند، و از سوی دیگر مشهورترین محدثین دوران، مشغول روایت کتاب های محرَّرۀ خویش در حدیث بودند.

علامه زاهد کوثری رحمه‌الله از امام بدر الدین عینی رحمه‌الله متوفی ۸۵۵ هـ.ق صاحب عُمدة القاری شرح صحیح بخاری نقل می کند:

«زمانی که امام احمد بن حنبل رحمه‌الله وفات کرد، امام طحاوی ۱۲ ساله بود، زمانی که امام بخاری رحمه‌الله درگذشت، امام طحاوی ۲۷ سال داشت، هنگامی که امام مسلم رحمه‌الله رحلت نموده، امام طحاوی ۳۲ سال داشت، هنگامی که امام ابن ماجه رحمه‌الله وفات کرد، امام طحاوی ۴۴ ساله بود، زمانی که امام ابو داود رحمه‌الله درگذشت، امام طحاوی ۴۶ سال داشت،

بسم الله الرحمن الرحیم

مقدمهٔ مترجم

اَلْحَمْدُ لِلّٰهِ وَ کَفٰی وَ سَلَامٌ عَلٰی عِبَادِهِ الَّذِیْنَ اصْطَفٰی، اَمَّا بَعْدُ!

تقریباً از یک هزار و دو صد سال تا به حال کتاب «عقیدهٔ طحاوی» در بین مذاهب اربعهٔ حقهٔ اسلام؛ حنفی، مالکی، شافعی و حنبلی از مهم ترین و معتبرترین کتب عقائد اهل سنت و جماعت و به عنوان یکی از منابع و مراجع اولیهٔ عقائد اسلامی در طول این قرن های متمادی بوده است.

امام تقی الدین سُبْکی رحمه الله متوفی ۷۷۱ هـ. ق یکی از اکابر علمای شافعی می نویسد:

«این مذاهب چهارگانهٔ حنفی، مالکی، شافعی و حنبلی بحمد الله همگان در عقائد متحد و واحد اند و همگی ایشان بر عقائد اهل سنت و جماعت اعتقاد دارند، و خداوند متعال را بر طریق اعتقادی امام ابو الحسن اشعری رحمه الله (و امام ابو منصور ماتریدی رحمه الله) پرستش می کنند، و همهٔ ایشان بر این عقیده استوار اند، الّا تنی چند از حنفیه و شافعیه که به معتزله پیوستند و گروهی از حنابله که عقیدهٔ خویش را با عقائد مجسّمه آلوده ساختند، و خداوند جل جلاله مالکیه را از آن پاک نگهداشته است، ما هیچ مالکی را ندیده ایم مگر آنکه بر روش عقیدوی اشعری است. خلاصه آنکه عقائد امام ابو الحسن اشعری رحمه الله (و امام ابو منصور ماتریدی رحمه الله) همان است که کتاب «عقیدهٔ طحاوی» شامل آن می باشد، و علمای مذاهب چهارگانهٔ

تصدیق ترجمه هذا

از جانب

مفتی اعظم هند و شیخ الحدیث دار العلوم دیوبند
حضرت مولانا مفتی سعید احمد پالنپوری دامت برکاتهم

از بزرگ ترین علماء و اهل فتوای عصر حاضر جهان اسلامی که صحت ترجمهٔ هذا را تصدیق و تصویب فرموده اند، مفتی اعظم هند و شیخ الحدیث دار العلوم دیوبند حضرت مولانا مفتی سعید احمد پالنپوری دامت برکاتهم می باشد که دربارهٔ این ترجمه چنین فرمودند:

«من این ترجمه را از مواقع مختلف دیدم، ترجمه درست است. از جانب من اجازه دارید تصدیق آن را چاپ کنید».

عقیده طحاوی

اعتقاد اهل سنّت و جماعت بر وفق مذهب فُقهای این اُمت، حضرت امام اعظم ابو حنیفه
و امام ابو یوسف، و امام محمد بن حسن شیبانی رحمهم الله

روایت

حضرت امام ابو جعفر طحاوی حنفی رحمه الله متوفی ۳۲۱ هجری قمری

با تصدیق این ترجمه از جانب

شیخ الحدیث دار العلوم دیوبند و مفتی اعظم هند حضرت مولانا سعید احمد پالنپوری مدظله العالی

ترجمه

مفتی محمد ابراهیم تیموری

بسم الله الرحمن الرحيم

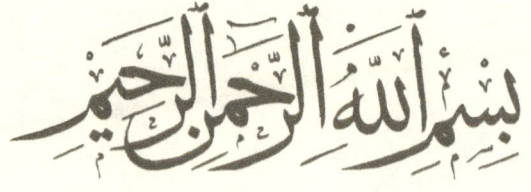

OUR PUBLICATIONS

Available on Amazon

Logic for Beginners
Translation of تيسير المنطق

The Creed of Imam Tahawi
Arabic with *English* & *Farsi* translation

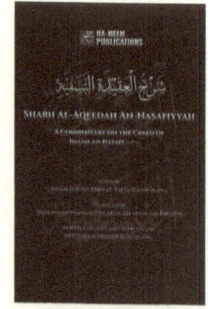

Sharh Al-Aqeedah An-Nasafiyyah
English Translation

Solving Tarkeeb
Translation of حَلّ تَرْكِيْب

Arabic Tutor: Arbi Ka Mu'allim
(Volumes 1, 2, 3, 4)

From the Treasures of Arabic Morphology - من كنوز الصرف

Simplified Principles of Fiqh
Translation of آسان اصول فقہ

Miftah ul Qur'an
(Volumes 1, 2, 3, 4)

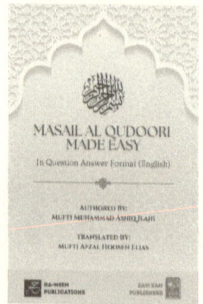

Masail Al Qudoori Made Easy
Question Answer Format (English)

Seeratul Mustafa ﷺ (Abridged): English Translation

The Cream of Arabic Imperative Words With Modern Words

The Adhan

Fayd al-Mu'in (40 Hadith on the Virtues of the Qur'an)

Commentary on Fayd al-Mu'in

The Individual Variants of the Shatibiyyah

A Commentary of the Tas-hil by Ihab Fikri

A Commentary of the Kāmil by Maḥmūd al-Sharqāwī

A Simplified Study of the Nāṭḥimat al-Zuhr

Al-Hizbul A'zam
(Pocket Size)

Tajweed for Beginners

Qasas Un Nabiyyeen - Part 4
Arabic with *English* Translation

Fazail e Amaal (English)
Virtues of Actions

Fazail e Sadaqaat (English)
Virtues of Spending

Hadhrat Mufti Mahmood Hasan Gangohi رحمة الله عليه

Hadhrat Moulana Maseehullah Khan Saahib Sherwaani
رحمة الله عليه

The Life and Mission of Hadhrat Moulana Husain Ahmad Madani
رحمة الله عليه

Hadhrat Moulana Muhammad Qaasim Nanotwi رحمة الله عليه

www.ingramcontent.com/pod-product-compliance
Lightning Source LLC
Chambersburg PA
CBHW021112080526
44587CB00010B/494
9781778289200